本书由广西壮族自治区第一批青苗人才䇖
目"民法典时代共生交易的法律规制研究"（

法|学|研|究|文|丛
——行政法学——

共享经济的风险与公共性
及其二元治理

胡锦璐 著

知识产权出版社
全国百佳图书出版单位
—北京—

图书在版编目（CIP）数据

共享经济的风险与公共性及其二元治理／胡锦璐著． 北京：知识产权出版社，2024.9. —ISBN 978－7－5130－9498－6

Ⅰ. F124.5；F12

中国国家版本馆 CIP 数据核字第 20242164Q2 号

责任编辑：彭小华　　　　　　　　责任校对：谷　洋
封面设计：智兴设计室　　　　　　责任印制：孙婷婷

共享经济的风险与公共性及其二元治理

胡锦璐　著

出版发行：	知识产权出版社有限责任公司	网　址：	http://www.ipph.cn
社　　址：	北京市海淀区气象路 50 号院	邮　编：	100081
责编电话：	010－82000860 转 8115	责编邮箱：	huapxh@sina.com
发行电话：	010－82000860 转 8101/8102	发行传真：	010－82000893/82005070/82000270
印　　刷：	北京九州迅驰传媒文化有限公司	经　销：	新华书店、各大网上书店及相关专业书店
开　　本：	880mm×1230mm　1/32	印　张：	7.75
版　　次：	2024 年 9 月第 1 版	印　次：	2024 年 9 月第 1 次印刷
字　　数：	200 千字	定　价：	68.00 元

ISBN 978－7－5130－9498－6

出版权专有　侵权必究

如有印装质量问题，本社负责调换。

前　言

　　共享经济的出现给行政治理带来了新的挑战。一方面，正是由于共享经济的创新特征，不仅包含美好的社会共享理想，也给现实生活带来便利。共享经济中有关公共服务的内容极大地提升了公共服务供给效率，在缓解公共服务供需失衡问题、增强多元主体协同合作能力、积极提升供给能力等方面带来了诸多便利。另一方面，共享经济是市场经济的一种，同样会出现盲目性、自发性、扰乱秩序、侵害消费者权益等问题。于是，传统行政治理方式也面临是否需要治理共享经济以及如何治理等问题。

　　共享经济的出现对传统的监管和治理方式提出了挑战。传统的监管方式需要回答是否要监管以及如何监管的问题。在此过程中即出现了监管方式的反复更改、各地标准不统一、法治化程度低等问题，可以大致将此种状态概括为以干预行政的方式作用于共享经济的效果不佳。共享经济未得到良好发展，其中失序的状态仍然存在，而干预行政又面临合法性、合理性的质疑。出现这种状况的主要原因为法律的滞后性以及共享经济的双面性。行政法既要平衡共享经济带来的秩序破坏和公共利益实现之间的关系，也要推动法律的健全与完善。在共享经济对软法的诉求以及公共行政任务社会化的趋势下，我们看到了共享经济与给付行政契合的可能性，进而形成了二元治理路径的初步思想。

从治理理念上看，对国家治理理念提出了新要求，即要调整规范、强化诚信体系、提升政府服务能力、转变政府职能、发挥资源配置的决定作用。治理理念下的柔性监管则更能体现善治的基本要素。❶ 柔性监管向命令控制色彩浓厚的传统监管领域的渗透和扩张，形成私人领域与公共领域的深度融合。从治理目标上看，治理共享经济，既要保障社会整体秩序，又要约束国家权力，实现公共服务职能。从治理对象上来看，共享经济不仅是虚拟社会的产物，更是现实社会的延伸，因而治理的对象、目标、工具、模式和行为边界发生了改变。

在不断强化民生建设、服务型政府建设、中国式精准扶贫实践的背景下，给付行政越来越受到行政法学学者关注，实践中也注重从行政法学角度来进行制度设计。民生关乎每个国民，公民健康权、安居乐业权、发展权的实现都离不开民生建设。特别是因经济条件使生活陷于困难、罹患重病、遭遇变故的公民，更仰赖于民生保障。

中国式扶贫实践推动形成了中国式给付行政的法治模式。共享经济的出现让合作生产视域下的公共服务供给模式成为现实。公共服务供给以资源再分配为保障，并且依赖于资源的再分配，资源分配对给付行政起到基础性支配作用。而共享经济与公共服

---

❶ 俞可平主编：《治理与善治》，社会科学文献出版社2000年版，第9—11页。善治的基本要素包括：合法性、透明性、责任性、法制性、回应性、有效性并实行市场化导向。

务供给的双向选择,在一定程度上为公共服务供给的发展提供了资源支持。因而,公共服务理念、供给主体和服务方式发生了新的变化。共享经济时代下,市场力量和社会力量参与到公共服务供给中,打破政府为唯一供给主体的局面,并按照市场竞争原则提供优质服务。以现代信息技术为基础,平台成为信息中介这一角色,依靠强大的算法来推算、匹配商品或服务。给付行政理论应当回应共享经济的发展,在保留给付行政本质内涵的基础上,将多种资源为我所用,提升国家提供公共服务的质量,不断满足人民群众日益增长的物质文化需求。

在此基础上,即形成了两种治理工具,分别对应硬法、软法和干预行政、给付行政两个维度。从功能主义角度而言,平台具有技术和管理优势;从规范主义角度而言,平台提供了一定的公共服务,所以应当规范它。从目标上而言,由于传统的市场监管强调的是行政性,网络市场监管同时具备网络性、市场性和行政性三个方面的属性,强调平等、开放、民主、互动和体验,那么政府监管的目标则包括实现无边界监管、随机监管、联合监管、自律监管和虚实结合监管。政府监管的中心在于监管而非审批,监管共享经济的根本目的在于平衡公众作为消费者和社会主体双重维度的利益。从主体上而言,从"对立关系"调整为利益共赢关系。政府与公民之间不再是支配和服从的一元结构,而是对话、协商的二元结构。政府应当侧重于提供便捷的公共服务,成为正当程序制度供给者,突破碎片化执法,消除部门之间的隐形壁垒。实现从共享经济管理到共享经济治理,从政府监管到法治监管,从一元管理到多元协调,从而实现以被监管主体以及利害关系人的权利来制约行政权力的价值,经济目标与社会目标并重。从监管工具上而言,完善以市场主体为执法对象的双罚制、自我增量赋权的备案制，综合运用行政协议、声誉治理、信息评级和评估等刚性、柔性、中性手段。

公共服务供给任务的全面扩张、人民群众日益增长的美好生活需要、发展的不平衡不充分是开展公共服务供给领域公私合作的重要原因。相比于传统公共服务供给，现代公共服务供给表现出差异化、标准化、高效化的特点，因而也要求公共服务供给表现出多样化、规范化、精准化和可持续化的特点。理论未能及时更新、实践也出现了回应性欠缺的问题，公私协作的理念是化解尴尬局面的方式。共享是实现资源多元化、民主化的形式之一，公私协力的理论内容也与共享理念达到本质上的契合。然而，公共服务共享制也面临公共服务发展不平衡不充分、规制工具选择与运用不正当、效率标准下公民权利被侵害之风险。

因此，着眼于政府与市场合作供给体制的完备和公私权责分配谱系的重构，当务之急是彰显公共性根柢，实现公共权力的有效共享。为顺应公共服务供给均等化的现实需求，构建和完善公共服务共享制尤为必要。应当立足于契约治理框架并关注公共服务消费者的权益保障，运用行政法基本原则论、行政组织论、行为形式论等方法，在更新行政法理念和原则、重塑多元主体权责分配谱系、规范行政活动方式及其责任、提供公共服务产品的同时施加公共化约束并施以行政补贴。

目录

CONTENTS

第一章　共享经济概述 ‖ 001

　第一节　共享经济的内涵 / 001

　　一、共享经济的兴起与特征 / 002

　　二、共享经济的分类 / 009

　第二节　共享经济的法律风险 / 013

　　一、平台法律地位不明 / 013

　　二、服务质量参差不齐 / 016

　　三、信息反馈和信任机制存在的缺陷 / 018

　第三节　共享经济的积极性 / 020

　　一、共享经济助力于调节经济 / 021

　　二、共享经济辅助公共服务供给 / 025

第二章　共享经济对传统治理模式提出的挑战 ‖ 027

　第一节　共享经济治理模式的困境 / 028

　　一、理念：不当监管和不足监管 / 028

二、目标：缺乏整体规划 / 029

三、主体：监管体制无法适应互联网的融合

环境 / 032

四、行为：出现选择性执法现象 / 036

五、治理效果适得其反 / 037

第二节 共享经济治理模式存在困境的原因 / 039

一、客观原因：共享经济创造性的破坏 / 040

二、主观原因：未充分兼顾共享经济的

特殊性 / 043

第三节 共享经济模式二元治理的路径选择 / 045

一、共享经济模式二元治理路径的动因与

目标 / 046

二、共享经济模式二元治理路径的理论与方法 / 056

三、共享经济模式二元治理路径的改革要点 / 074

第三章 共享经济对行政法治理模式的影响 ‖ 080

第一节 共享经济对政府监管的影响 / 081

一、监管对象的变化 / 081

二、监管组织形式的变化 / 082

三、监管方式的变化 / 083

四、实证分析 / 085

第二节 共享经济模式从商业领域推广到公共领域 / 093

一、共享经济模式从商业领域推广到公共领域的必要性 / 094

二、共享经济模式从商业领域推广到公共领域的正当性 / 107

三、共享经济模式从商业领域推广到公共领域的可行性 / 127

第四章　共享经济视角下的政府监管 ‖ 137

第一节　政府监管理念和原则的更新 / 138
一、共建共治共享理念 / 139
二、助推理念 / 142
三、分级分类监管理念 / 143
四、包容审慎原则 / 144

第二节　监管主体多元化 / 150
一、发挥社会组织的作用 / 150
二、监管主体之间的权责配置 / 159

第三节　监管工具多向度 / 166
一、算法监管机制 / 166
二、人群治理机制 / 168
三、声誉机制 / 170

第五章　共享经济视角下的公共服务 ‖ 172

第一节　共享经济视角下的公共服务治理的风险 / 173
一、公共服务发展不平衡、不充分之风险 / 173
二、治理方式的选择与工具运用之正当性风险 / 174
三、效率标准下公民权利被侵害之风险 / 177

第二节　合作治理促进公共服务共享制的发展 / 179
一、公共服务权力谱系重塑 / 180
二、强化行政协议治理责任 / 188
三、公共产品供给 / 200
四、行政补贴提供 / 203

结　语 ‖ 214

参考文献 ‖ 217

第一章
共享经济概述

面对共享经济，不仅要以规制的视角来对其进行监管，也要以促进其发展为目标进行行政法治的建构。因而，在把握其发展历程、特征、作用等基础上，来提供行政法治保障的基础。而保障共享经济发展与对其进行监管并不是两个冲突的话题，发展和保障是目的，行政法的监管是途径，二者相辅相成。相较于传统的监管方式，提供科学、与时俱进的监管则是促进共享经济发展的行政法保障的方式。

第一节 共享经济的内涵

共享经济作为一种新兴经济模式在我国迅猛发展，从诞生到发展的过程速度较快，导致人们对共享经济的把握处于模糊的状态。为了正确把握和对待共享经济并形成科学的监管措施，有必要对其内涵进行界定。

一、共享经济的兴起与特征

互联网商业模式多种多样,共享经济作为互联网商业模式的一种,在互联网商业快速发展的背景下得以兴起,平台在交易的不同阶段、方式中扮演不同角色。可以从共享经济的兴起与特征等综合判断其法律性质与地位。

(一) 共享经济的兴起

共享经济的兴起可以从生活方式、经济形态、学术用语和法律用语四个角度进行梳理,并且这四者之间呈现出不断具体化和规范化的特点。第一,作为生活方式的共享经济。共享经济离不开对"共享"这一词的认知与理解,在我国历史上,"共享"一词最早可见于《东周列国志》:"景公曰:'相国政务烦劳,今寡人有酒醴之味,金石之声,不敢独乐,愿与相国共享。'"❶ 这是对"共享"一次较为原始的字面理解,也就是对酒醴声乐的赐予与分享,将我之物为他人所有或使用。由此衍生而来的对共享的理解即包括对他人所有权和使用权的享有,如租赁。汉代出现的按距离收费的"记里鼓车"即古时车辆租赁的形式。在《马可·波罗游记》第 76 章中描述了南宋时期杭州西湖的场景,地方居民可以租一条画舫或雇一辆街车来消磨闲暇时光。也就是在 13 世纪,马可·波罗在我国杭州地区看到了街上往来驰骋的"街车",此种"街车"类似于现代车行的汽车租赁,是时段制或按日制收费。这是古时共享代步交通工具的现象,也是共享的一种表现形式,虽与今日的共享经济不太一样,但是也是"共享"这一概念在生活中的体现。

---

❶ [明] 罗贯中等:《中国古典文学史著集成》(第 2 卷),北岳文艺出版社 1998 年版,第 755 页。

第二，作为经济形态的共享经济。共享经济作为一种经济形态的出现是随着 Uber、Airbnb 等一系列实物共享平台的出现而形成的。2008 年之后金融危机席卷而来，在经济大萧条之下人们为了节约生活成本展开了协同消费的生活方式。在经济危机推动的背景下，得益于产能增加和互联网科技发展客观环境的成熟，共享经济这一经济形式应运而生。在产能增加的同时也出现产能过剩的问题，如家里多余的工具，将这种闲置或可以多次使用的资源进行分享以缓解产能过剩、减少不必要的消费、节约生活成本。依靠互联网科技的搭载，是共享经济得以发展的必要条件。尽管在过去有分享的意识和分享的生活方式，但是缺乏互联网的连接难以形成大规模、稳定性、可持续的分享生活模式。互联网科技的发展改变了人们获取信息、分享交流的方式，从而影响人类社会的组织形式。三个条件缺一不可，为共享经济的诞生和发展提供了天时地利的环境，使共享经济的发展成为不可抵挡的趋势。共享开始从纯粹的无偿分享、信息分享，走向以获得一定报酬为主要目的，基于陌生人且存在物品使用权暂时转移的"共享经济"。

在美国，个人对个人的租借市场规模已达 260 亿美元，整个"共享经济"的产值达 1100 亿美元。在德国，12% 的人通过互联网进行"合作式消费"，这一比例在 14—29 岁的年轻人中高达 25%。拼车网首席执行官马库斯·巴尼科尔坦言，每月有 100 万用户使用他们的拼车服务，足迹遍布欧洲 40 个国家。在我国国内，一大批打着"共享经济"旗号的租车网站及手机应用争相出现，一度呈现野蛮生长的状态。随着这些同类企业越来越多，互助式、协同式的共享经济逐渐形成规模，在经过市场的优胜劣汰之后有企业发展也有企业衰落，但是这不但不影响共享经济的规模，反而在市场的自我选择之后形成了更为优质的共享经济形态。

第三，作为学术概念的共享经济。相较于作为经济形态的共享经济概念，作为学术概念的共享经济出现的时间更早。1978 年美国学者马科斯·费尔逊和琼·斯潘恩在其文章《社会结构和合作消费：一种常规行为路径》中提出了协同式消费的形式。文章提出了协作消费行为（acts of collaborative consumption），除了关注协作消费行为整个概念外，学者更关注如何创建产生协作消费行为的环境。由于当时科技所限，协作消费行为也受时间和空间的限制，因而社区结构成了特定类型的协作消费行为重要的影响因素。总之，消费者的消费模式和互动模式将会因合作而发生巨大变化。❶ 1986 年，英国经济学家詹姆斯·米德在其著作《分享经济的不同形式》中提出了共享经济的不同形式。米德以劳资关系为中心来探讨共享经济可以采取职工股份所有制计划、劳动者管理合作式、利润分享制、收入分享制等形式。❷ 米德教授站在经济发展、收入和权力分配这一角度来理解共享经济，虽然与我们今天所看到的共享经济表现形式有所不一样，但是提出了分享的概念、方法并建构了在企业中分享的雏形。20 世纪 90 年代，迈克尔·史瑞哲提出了"思想共享"的理念❸，其中重要的内容之一为极力提倡对互联网技术的运用，将该技术作为连接、形成关系的媒介，从而改变思想传播的方式。凯文·凯利在其著作《失控》中强调共享控制权，形成伙伴关系、协同关系。❹ 杰里米·里夫金在其著

---

❶ Felson M, Spaeth J L. Community Structure and Collaborative Consumption: A Routine Activity Approach. American Behavioral Scientist, 1978, 21（4）, p. 23.
❷ ［英］詹姆斯·米德：《分享经济的不同形式》，冯举译，载《经济体制改革》1989 年第 1 期。
❸ Michael Schrage. Shared Minds: The New Technologies of Collaboration. Random House; First Edition edition. August 4. 1990. 8 – 14.
❹ ［美］凯文·凯利：《失控：全人类的最终命运和结局》，东西文库译，新星出版社 2010 年版，第 488 页。

作《使用权时代》中阐释了使用权之于共享经济的意义和价值，实现了从产权观念向共享观念，从交换价值到共享价值的转变。❶同样推崇使用权优于所有权观点的还有凯文·凯利的《技术元素》，强调某种程度上使用权变成了所有权，所有商品和服务都可以被出租、共享和社会共有。

雷切尔·波茨曼和鲁斯·罗杰斯在其著作《我的就是你的：协同消费的崛起》中将使用权的经济理念发展到极致状态。他们在前者的思想基础上，建立在思想共享、互联网技术的应用、推崇使用权、环保文化流行的基础上对协同消费模式进行分类。❷这些全新的协同消费模式是共享经济的典型商业模式，通过激活生产资料、社会资源形成更多的生产力，从而创造更多的社会价值和经济价值。至此，形成了共享经济较为典型的模式形态。学者在其基础之上对共享经济再次进行不同角度、时代的理解，又形成了许多关于共享经济的理念和分类模式，如"超级合作者"概念、"人人时代""认知盈余"理念。

第四，作为法律用语的共享经济。2017年国家发展改革委、中央网信办等部门联合印发《关于促进分享经济发展的指导性意见》（下文称《指导意见》），该意见以"分享经济"一词对这类科技革命和产业变革下涌现的新业态模式来进行界定。从以下三个方面对分享经济进行法律规范层面的解读和界定。首先，分享经济现阶段的表现形式是指以利用网络技术，通过网络平台将分散、闲置资源加以优化配置从而提高资源利用率的经济形态。其

---

❶ Jeremy Rifkin. The Age of Access: The New Culture of Hypercapitalism, Where All of Life Is a Paid – For Experience. Tarcher; I edition. April 3, 2000. 3 – 25.
❷ 戈志辉：《共享革命》，中国发展出版社2017年版，第12页。这三种模式为：第一种是产品服务系统模式；第二种是群体消费模式；第三种是市场再分配模式。

次，以促进分享经济发展为目标，包括对包容审慎原则的运用，探索分类监管、协同监管的模式。最后，强调公众的权利保障和企业平台的义务。公众的信息、权益依法得到保障，并且平台要承担好解决纠纷、数据分享、辅助政府治理等义务。2018年实施的《引导和规范共享经济健康良性发展有关工作的通知》，为推动共享经济的健康良性发展，从构建综合治理机制、推进实施分类治理、压实企业主体责任、规范市场准入机制、推动完善信用体系等方面细化了监管方式和监管规则。在《指导意见》的基础和背景下，主要强调监管理念和监管方式的转变。两部文件关于"共享经济"的概念未统一且未进行再界定，可以认为"共享经济"与"分享经济"为内涵和本质一致的概念，因而不再作区分。

总体而言，作为法律规范框架内的共享经济概念具有以下特点。第一，共享经济是一个较为宏观、广泛的概念。同时包含了利用网络信息技术、优化资源配置、提高利用率三个特点的新业态经济形式即可认为是共享经济，在共享经济或其他相关新业态经济形式完全成熟之前，并不对此作严格界定和区分。第二，从国家政策角度而言，对共享经济的发展持肯定的态度。一方面，行政理念和原则上的更新。对包容审慎原则的理解与运用促进共享经济以科学的方式发展，除了摒弃一味打压或一刀切的方式外，还要鼓励及倡导地方政府探索发展策略和方式。另一方面，监管措施的创新与更新。如果套用现有的监管体系，可能会出现监管失灵的问题，须在与现行监管体系衔接的基础上探索符合共享经济发展的监管体系。第三，明确共享经济仍旧需要在法律规范的框架内运行，保障公众的合法权益。政府对共享经济的发展持肯定态度，但是通过对网约车一系列的规定也可以看出共享经济的发展仍旧需要在法律的框架内运行，以及共享经济的高度网络化涉及大量的个人信息，对公众权益特别是信息的保障成了新的课题。

（二）共享经济的特征

作为经济模式的一种，共享经济具有以下三点属性。第一，经济属性。共享经济虽然是新兴商业形态，但是仍旧是市场经济的一种，仍然具有经济属性，包括存在逐利性与垄断性。资本的本性是逐利，在自由市场经济这个环境下资本的主要目的是逐利，而如何创造更广泛的社会价值一般难以作为首要考虑因素。追求利益最大化是资本的第一属性，为了实现利益最大化，资本具有足够的动力进行掠夺和扩张。共享经济的企业平台也不例外，在新兴产业生态的初期，也为了追求利益和价值的最大化，来扩张市场。

第二，科技属性。共享经济模式的平台能够提供实时、精确的算法，将供给和需求进行有效匹配。整个共享经济的大前提，建立在对互联网、科技和大数据的广泛应用基础上。我们获取信息的能力不断增强，包括位置信息、价格信息等内容，实现交易实时化、逐步透明化。与此同时，社交网络的兴起和繁荣加深了人与人之间的连接与信任，如网约车的实时定位功能、位置共享功能、评价体系等实现了高效化、便捷化、透明化。大量使用移动互联网、大数据、云计算的新兴经济形态表现出了与传统经济形态较大的差别。社会的需求受多方因素影响，其中包括文化对社会需求的影响。此处的文化作广义解释，如发明就是对社会需求的满足，❶ 也就产生了科技进步、社会创新下激发的社会需求。

---

❶ 吴红：《发明社会学：奥格本学派思想研究》，上海交通大学出版社 2014 年版，第 17 页。

政府无法完全预知未来社会需求的发展动向，而科技进步也不断激发出新的社会需求，也就是说面对共享经济的科技属性，政府判断具有一定的滞后性，因而该属性也诉求政府给予新事物广阔的发展空间。

第三，公共属性。共享经济的出现，打破了享有公共产品或公共服务的排他性。网课被称为教育平行线，248 所贫困地区的中学，通过直播与成都七中同步上课，这些山区学校的本科升学率涨了几倍甚至十几倍。成都七中的黑板被称为改变命运的屏幕，网课直播在一定程度上改变了教育现状。❶ 获得公共服务不以占有所有权为主要的供给方式，网课的出现很大程度上打破了公共服务的地域性、群体性等障碍，不排斥他人在其他地方使用该产品和服务。共享权的出现和实现，更完整地诠释了教育权中的平等权利，促进平等接受教育的实现。

每个人既是公共产品、公共服务的生产者，也是提供者和消费者。在打破资源国家垄断性的同时形成给付行政的主动性和多样性。根据《行政许可法》第 12 条的规定，国家对自然资源、公共资源享有一定程度的垄断性控制，事关此类资源的市场准入等事项需要国家的批准和许可。但是从共建、共治、共享理念出发，鼓励个人参与到公共服务的提供中。该法第 13 条规定，能够通过一定方式予以规范的即不设行政许可。2004 年实施的《全面推进依法行政实施纲要》中明确，凡是公民、组织能够自主解决的，除法律另有规定外，行政机关不以行政管理方式去解决。2015 年实施的《法治政府建设实施纲要》中再次明确，推进公共服务提

---

❶ 程盟超：《这块屏幕可能改变命运》，载《中国青年报·冰点周刊》2018 年 12 月 13 日。访问地址：https：//mp.weixin.qq.com/s?_ _biz=MjM5MDQ3MTEyMQ==&mid=2653322571&idx=1&sn=95cf4b5f7a1aa748eed0d6a80f4536e9。

供主体和提供方式多元化。行政许可的边界构成了行政权力的边界之一，国家行政应当遵循辅助性原则。❶ 因此，国家垄断资源的现象被逐渐打破，公共服务和公共产品的提供者和提供方式更为多元化。

二、共享经济的分类

每个种类的共享经济集中体现的特点有所差异，并且国家倡导对其进行精细化监管、推动其发展，对其进行分类细化是实现上述目标的必要条件。因而，从行政法治的角度对共享经济进行分类，既是加深对共享经济认识的过程也是对其进行保障的方式。共享经济可以以领域、表现形式、利用资源的类型等标准进行分类，各学科根据研究旨趣的需要都有加以分类的例子。❷ 借鉴上述分类方式，便于文章讨论的展开，将共享经济模式分为协同生活方式类、市场再分配类以及产品与服务提供类。如表1所示：

---

❶ 刘莘、张玉卿：《外部性与辅助性原则——经济学给行政法学认识行政许可的两个视角》，载《中国法学会行政法学研究会2005年会议论文集》，第597页。

❷ "共享经济按照其共享资源的方式不同，可以分为：产品服务模式、再分配模式和协作生活模式。根据共享经济企业的不同运作模式，共享经济可以分为：商家对客户模式（B2C）、点对点模式（C2C）。"（胡小兰、陈海利：《共享经济发展中政府差异化监管研究》，载《合作经济与科技》2019年第4期。）"以对共享经济的区分为进路，分为闲置型共享经济和经营型共享经济。"（于莹：《共享经济法律规制的进路与策略》，载《法律适用》2018年第7期。）"横轴主体类型可以分为C2C、B2C、B2B三种类型。纵轴上的表现形式分为产品与服务系统、市场再分配和协同生活方式三种类型，两两结合得到9种共享经济基本类型。"（孙凯、王振飞、鄢章华：《共享经济商业模式的分类和理论模型——基于三个典型案例的研究》，载《管理评论》2019年第7期。）"将共享经济的提出和发展以使用权经济的理念为指导，而学者波茨曼和罗杰斯将该理念发挥到极致，提出了就互联网精神和共享经济理念之上的三种共享经济模式：第一种是产品服务系统模式、第二种是群体消费模式、第三种是市场再分配模式。"（戈志辉：《共享革命》，中国发展出版社2017年版，第12页。）

表 1　共享经济的分类

分类	概念	案例	主要风险	主要适用调节方式
市场再分配类	二手交易市场	闲鱼	信息安全、财产安全	市场自由调节
产品与服务提供类	以使用权为交易对象的租赁和个人之间物品共享	滴滴打车	信息安全、人身安全	政府监管
协同生活方式类	非有形资源的共享	喜马拉雅	信息安全	协调合作

（一）市场再分配类。初次分配是较为粗线条的，以国民收入为例，在国民收入初次分配的基础上进行的分配为再分配。在初次分配之后，参与者通过相应的制度和规定获得收益，对该收益享有所有权，任何人不得违反法律规定对其利益进行侵害或剥夺。因此，在该阶段，若想改变初次分配形成的格局，必须借助公权力，那么再分配的重要特点就是政府主导。以税收政策调节为例，国家通过对不同收入类型、不同群体进行区分收税，政府通过强制且无偿的方式取得高收益群体的部分收益，将其汇集形成可再分配的收益。在这个阶段中，政府主要有两个行为，即取得和分配。主要对象有两类，即初次分配收益较高者和初次分配收益较低者。政府通过取得收益较高者的利益再分配给收益较低者，以调节社会成员间的收入差距，发挥政府对社会分配的调节功能。

但是在共享经济背景下的再分配则是得益于企业和市场的相互作用，也就是动态性的市场再分配，不再依赖于生产企业，消费者和资源提供者之间可以直接形成并完成交易。二手市场则是市场再分配类的典型代表，提供平台供资源提供者和消费者之间直接交换，平台发挥提供、整合信息的功能。如使用率较高的闲鱼，交易双方可以是买卖、赠送等交易模式，实现了资源的进一步利用和市场的再分配。在这类共享经济模式中存在的最主要风险是信息安全隐患和财产安全隐患，并且这两类隐患是在平台的控制范围之内的，因而可以有效利用市场的自我调节实现优胜劣汰。

（二）产品与服务提供类。以提供产品和服务的共享经济类型相对为公众所熟悉，如共享汽车、共享单车、网约车都是以提供产品或服务为表现形式。在此类共享经济类型中，企业提供平台供消费者进行搜索、匹配和使用，实现了双方的自愿匹配和直接交易，相比邻里之间的随意、自发性的共享，有平台支持的产品和服务提供的共享形成了交易协议，这种交易协议的关系具备一定的组织性、法律性、规范性，克服了个人自发形成的交互关系的随意性。在提供产品和服务的过程中，涉及平台和服务提供者两个个体，平台可能会侵犯信息安全，而消费者与服务提供者的接触也存在人身安全的隐患。

（三）协同生活方式类。在这类共享经济模式中，以提供非有形资源为主，如个人专业技能，包括医疗、家政等技能和劳务。在这种非有形资源类的共享模式中，我们分享彼此的时间、空间、技能等这些虚拟的资产，也是提高时间利用效率、互补彼此专业技能的方式。以我们较为熟悉的"喜马拉雅"为例，汇集了各专业、各领域的人群为我们讲解专业知识，让我们在最短时间内通过自我选择的方式进行答疑解惑并增长技能，最终形成互补式、提高时间利用率的协同生活模式。协同生活模式是一种互利互惠、提高生活效率，并且增加彼此获得感、幸福感和安全感的事物，政府可以进行协调与规划，在保障个人权益的基础上进行多方合作并加以利用。

在对共享经济进行分类后,也可以从平台发展的程度、功能的差异角度对共享经济平台进行分类。国外学者按共享经济发展水平的高低将平台分为四个阶段,这四个阶段并不是此消彼长而是同时存在的,只是代表了共享经济发展程度的深浅。第一阶段为有交易共享的行为,如邻里之间的租借、赠送、跑腿帮忙等行为。这些行为最初出现在社区中,诞生于社区之间的空间便利性,形成了这种自发、随机性的共享行为。第二阶段以协议为确定和保障,如商用租车、场地出租等行为,有一定的商用性、持续性、协议性特征。第三阶段为形成有组织有规模的共享模式,人们的需求、参与共享经济的人数、频率等内容是不断变化的,但是组织机构是相对稳定、持久的,可以在人们的流动性之间做到平衡,创建有组织、有弹性的共享经济模式。第四阶段为政府统筹规划模式。该阶段主要是政府的任务,包括建构、推动、维持、发展、统筹、协调等内容。如在各个城市、地区发展共享经济的过程中,涉及多个利益相关者的协调与配合,或者在推动社区之间的共享经济模式发展过程中,确保时间、空间的便利性而建立起来的交互空间,诸如此类的利益协调、统筹规划都涉及公权力的运用。

总体而言,应当说平台发展的四个阶段与政府主要运用的调节方式是息息相关的。从纵向而言,共享经济按照所使用的资源不同,大致可以分为三类;从横向而言,按照共享经济平台不同的发展程度,可以分为四个阶段的模式。若市场交易呈现完全自由状态,那么可能是形成交易建构和组织建构类型的平台形成了有组织、有规模的共享经济,为了推动其更好发展,政府可以有限介入、适当监管,也就是组织建构类型的平台。共享经济的发展将进一步造福于社会,若政府对此加以利用,形成提供公共服务的另一种形式,那么则需要统筹规划、利益协调。因而,共享经济的类型、平台发展的阶段、主要运用的调节方式三者之间呈现紧密关系。

第二节　共享经济的法律风险

共享经济作为新的发展业态和商业模式，在给治理体系带来挑战的同时，囿于其自身的发展阶段和特点也具有其风险性，无形中也增加了对其科学认识、完善治理体系的难度。

一、平台法律地位不明

对于平台的法律地位存在不少争议。有学者认为平台的法律地位存在三种可能性，根据平台在买家与卖家之间形成的法律联系的强弱不同，分别为：平台不是交易主体；平台是交易主体；平台是直接的运营方。若平台不是交易主体则说明其在买家与卖家之间形成较弱的法律联系，不对双方承担责任；若平台是交易主体，那么则与卖家一起承担运营责任；若平台是直接的运营方，那么买家可直接要求其承担经营者责任。学者综合平台对交易达成、价格等方面的控制能力，认为平台属于交易主体。[1] 还有争议认为网约车平台公司到底是信息服务提供者还是承运人？准确定位其性质才有可能提供有效的解决方法。但是学者认为不应在各种性质的定位上纠结或者作出选择，因为这是一个跨界的形态。[2]

---

[1] 蒋大兴、王首杰：《共享经济的法律规制》，载《中国社会科学》2017年第9期，第152页。
[2] 王静：《中国网约车的监管困境及解决》，载《行政法学研究》2016年第2期，第55页。

虽说准确定位其性质是监管的前提，但是如果同时对旧业态进行改革则可以在一定程度上避免对其性质定位二选一或多选一的困境。也有学者从共享经济是不是值得保护和鼓励的市场创新角度来定位其性质。网约车借助科技发展确实形成了市场创新，综合评价其对整个社会进步的影响，应当从外部视角来考察两者之间的关系。❶

国外学者从比较 eBay 与平台之间的关系来判断其性质。与 eBay 筛选卖家相比，共享经济公司往往也更严格地筛选出租人。同样是在筛选过程中，共享经济公司在广告和促销中针对安全性制定了董事会要求。与 eBay 相比，这些公司更多地参与商业活动，而其经常强调这一事实，以缓解共享经济中陌生人服务陌生人的风险担忧。因为这表明尽管用户生成了中间内容，该公司还是直接参与了每笔交易。用户生成的内容的存在并不排除发现基于其自身也存在的内容以及可能的其他参与基础交易的互联网中间人有责任的情况。当一个人"全部或部分负责信息的创建或开发"时，便成为"信息内容提供者"。将产品责任强加给经济行为体（如共享）是合理的，未能对租赁产品进行建议的维护，未能修复或警告已知缺陷等。过失使非商业出租人对他们可以（并且应该）控制的风险负责。相反，他们应该关注产品的相对用途，以及关于产品质量和通过平台进行租赁安全性的广告宣传。平台应承担推断缺陷和制造缺陷的责任。有人可能会辩称，产品责任仅仅是加剧了这种监管攻击，有可能扼杀共享创新。按照这种观点，更好的方法是允许"擅长适应新的和创新形式的竞争的"非管制市场，而不是强加"巩固"既有模式的"传统管制框架"。

---

❶ 彭岳：《共享经济的法律规制问题——以互联网专车为例》，载《行政法学研究》2016 年第 1 期，第121 页。

互联网技术的快速商品化使传统出租车公司的市场支配地位迅速消失。❶ 网约车平台为数字中介，处于"大数据革命"的最前沿，数据集变得越来越多且不断变动，通过收集数据、分析数据形成预测和应用系统。❷ 作为数字中介的平台主要发挥促成和整合功能。

一方面，网约车平台公司发挥积极促成功能。平台发挥规范行为和安全保障的功能。共享经济彻底改变了商品利用不足的商业模式和商业准入道路，以平台准入的方式打破市场准入壁垒并实现从高准入壁垒到低准入壁垒。❸ 从事网约车服务的驾驶员在符合相关行政部门准入条件的基础上，网约车平台公司还可根据公司内部的服务规范、安全运营等要求决定驾驶员是否能进入该领域。网约车平台的确认行为包括建立了投诉、评价制度，并且在消费者选择是否缔结该项服务关系时可以查看到相关的服务评价结果等信息。这种双重审查、信用审查程序形成了网约车平台公司所具有的自我规制和风险调节系统，对消费者有广告和引导导向的同时，在用户之间创建规范以充分保障安全。❹ 平台是信息内容的提供者，也是有目的性的信息开发者，负责全部或部分信息的创建或开发。❺ 如创建并发布驾驶员个人账号、附近空闲车辆信

---

❶ Stephen R. Miller, First Principles for Regulating the Sharing Economy, 53 Harv. J. on Legis. 147 (2016).

❷ Sarah Cannon & Lawrence H. Summers, How Uber and the Sharing Economy Can Win over Regulators, HARV. Bus. REV. (Oct. 13, 2014),

❸ Michael A. Cusumano, How Traditional Firms Must Compete in the Sharing Economy. Communications of the Acm, 58（2015）.

❹ Bryant Cannon & Hanna Chung, A Framework for Co‑Regulation Models Well‑Adapted to Technology‑Facilitated Sharing Economies, 31 SANTA CLARA COMPUTER & HIGH TECH. L. J. 23, 25.

❺ FTC v. Accusearch, Inc., 570 F. 3d 1187 (10th Cir. 2009).

息，通过传输几乎未知的虚拟信息使之成为公开的可视化商品。

另一方面，网约车平台在打破传统交易模式的同时与传统商业合作。共享经济模式虽然改变了传统的市场交易模式，但是在很大程度上却又是在复制非共享经济企业已经提供的服务。二者抢夺市场份额的同时也破坏了社会长期以来所形成的竞争、竞标的悠久历史，引发了传统服务提供方式和创新提供方式二者之间的矛盾。如传统出租车公司需要经过竞标而获取经营资格，但是网约车可以逾越该法律程序、破坏经济规则而同样可以参与到公共交通运输服务提供的行业中。互联网技术的快速商品化使传统出租车公司的市场支配地位迅速消失。[1] 随着共享经济和网约车逐渐从"地下"浮到水面，既定的市场参与者也寻求占领新市场，如传统出租车也加入滴滴平台中，形成两种服务业态既有竞争又有合作的状态。

二、服务质量参差不齐

以出租汽车经营服务为例，根据《巡游出租汽车管理办法》，从事巡游出租汽车经营的，应当获得经营许可，包括《巡游出租汽车经营许可决定》《道路运输经营许可证》等证件。地方政府通过服务质量招投标方式配置巡游出租汽车的车辆经营权，参考标准包括投标人提供的运营方案、服务质量状况、服务质量承诺等因素，最后与中标人签订经营协议。根据《出租汽车驾驶员从业资格管理规定》，出租汽车驾驶员须通过从业资格考试才有资格申请注册、接受继续教育、获得从业资格证。也就是说，巡游出租汽车等的准入主要包括两个门槛：经营者和驾驶员。经营者须取

---

[1] Stephen R. Miller, First Principles for Regulating the Sharing Economy, 53 Harv. J. on Legis. 147 (2016).

得多种许可证件并通过签订行政协议等方式方可从事出租汽车该项公用事业经营。驾驶员同样须取得从业资格证才能成为出租汽车公司雇员。因而，巡游出租汽车具有一定准入门槛，从经营者数量到驾驶员数量都有所控制。

相应地，以网约车经营活动为例。该项服务可以分为投入和运营两个阶段，投入阶段注重产品的建立，运营阶段的目标在于充分占有市场份额，此时企业在经济利益的驱使下不断扩张。共享经济彻底改变了利用不足的商品的商业准入道路，却很少创造出需求或市场。大多数共享经济企业会以某种方式复制非共享经济企业已经提供的服务。以平台准入的方式打破市场准入壁垒并实现从高准入壁垒到低准入壁垒。❶ 从事网约车服务的驾驶员在符合相关行政部门的准入条件的基础上，网约车平台公司还可根据公司内部的服务规范、安全运营等要求决定驾驶员是否能准入该领域。因而，相对而言，提供出租车服务这一经营活动的准入方式遭到改变，并且是从高准入壁垒变为低准入壁垒，其中则出现了服务质量参差不齐的现象。

对原有秩序的破坏，导致的秩序混乱或者无秩序状态，也带来了一些社会冲突和社会风险。如出现网约车中的一些恶性刑事案件，2018 年 5 月一空姐搭乘网约车途中遇害，时隔 3 个月浙江温州有女孩遭遇网约车司机杀害。除了恶性刑事案件外，还出现了网约车未履行订单或者中途甩客，在载客过程中绕道、随意加价、司机态度较差或者服务能力有限；交通事故、保险索赔、乘客投诉遭封号等现象；顾客遇到因滴滴司机原因导致的行程延误而利益受损，平台的赔偿有限，而当地的消费者协会等部门则会

---

❶ Michael A. Cusumano, How Traditional Firms Must Compete in the Sharing Economy.

遭遇地域阻碍。出现了种种因社会秩序被破坏后所导致了人身、经济损失现象以及纠纷解决机制的失效的情况。相较于网络预约出租车，对共享单车行业的秩序混乱，人们的体会更为深切。针对共享单车的规范相对较少，其秩序管理效果也相对有限。在经过各家共享单车企业无序的资本竞争之后，留下的只是街道边或校园里废弃、随意摆放的单车，影响着城市形象及公众出行。因此，秩序的混乱或者缺失也会给带来连锁反应，有损社会公众的利益。

三、信息反馈和信任机制存在的缺陷

网约车平台的确认行为建立了评价体系、乘客投诉处理制度，并且在消费者选择是否缔结该项服务关系时可以查看到相关的服务评价结果等信息。客户反馈和认可系统的建立以及对驾驶员"星级"、评价内容的控制具有一定的风险控制作用。这种双重审查、信用审查程序形成了网约车平台公司所具有的风险处理的自我规制和调节系统，一方面对消费者有广告和引导的作用，另一方面在用户之间创建规范以充分保障安全。❶ 平台是信息内容的提供者。平台是有目的性的信息开发者，其负责全部或部分信息的创建或开发。❷ 如平台通过收集驾驶员、消费者的用户注册信息、身份认证信息、订单日志等信息来创建并发布驾驶员个人账号、附近空闲车辆信息，通过传输几乎未知的虚拟信息使之成为公开的可视化商品。

---

❶ Bryant Cannon & Hanna Chung, A Framework for Co-Regulation Models Well-Adapted to Technology-Facilitated Sharing Economies, 31 SANTA CLARA COMPUTER & HIGH TECH. L. J. 23, 25.
❷ F. T. C. v. Accusearch Inc., 570 F. 3d 1187 (10th Cir. 2009).

社会主体的监督、问责权有限，公众作为消费者，无疑有权监督公共服务的内容、品质、价格、效果等并提出意见和建议。公共服务消费者缺少相应的监督权和问责权，一方面难以保证公共服务的品质，另一方面也是公共服务共享缺乏完备的评估反馈制度的表现。要实现共享经济这种协同消费模式，陌生人之间的信任是一项重要原则。❶ 社会信任体系的建立离不开公众参与到对各方主体的监督中来，社会监督能力被削弱的情况下，社会信任体系的建立也受到影响。最终导致公共服务共享制的推行和发展受到阻碍。

　　以共享出行这一内容为例。共享单车、共享汽车押金难退现象，或者共享单车、共享汽车被恶意破坏的现象，都反映了社会信用体系的缺失。在共享环境下，依靠互联网技术平台进行交易的对方，缺乏深入的沟通与交流，如果由此形成误判，容易诱发诸如共享汽车司机对乘客的人身伤害事件、共享租房的盗窃或者欺骗事件，人身安全和财产安全处于高风险状态。如果对用户将共享单车据为己有、拆卸共享汽车座椅等破坏行为仅采用社会舆论、道德谴责的方式，将难以带来良好效果。因而，从熟人社会到陌生人社会再到虚拟社会，原有的结构被打破，要实现共享的关系，仅从道德层面来塑造信用关系显然难以奏效。

　　公民安全权受到侵害的风险主要来自数字安全和个人隐私被侵犯。公共服务共享制的发展不可避免使用大数据收集、计算、准确推送等方式。智能机器人计算、大数据分析的广泛应用对数字安全、个人隐私及与此相关的其他内容带来明显的影响，如自治权、正当程序或平等对待。如我们常常遇到的目标推送，智能

---

❶ Rachel Botsman and Roo Rogers, what's mine is yours: How Collaborative Consumption Is Changing the Way We Live, HarperCollins, 2011, p. 75.

计算通过获取我们个人的大数据集，其中包括个人私密、敏感信息，经过计算后给本人及与其有亲密关系的人员推送相关服务和产品。[1] 这大大侵犯了个人隐私，将公众的数字安全置于高风险的境地。

为降低数字安全的风险，苹果公司采用了差别化隐私对待方式，与以前的隐私增强技术相比，它展现出许多优势，但是也具有其局限性。如限制平台主体对数据集的使用，但是由于个体使用平台之前已输入相关个人信息，因此还是存在泄漏风险。然而，公共服务共享所倚靠的详细信息是建立在广泛分析数据基础上的，那么也应在结果的可靠性、准确性与隐私泄露状况之间进行衡量。为防止个人隐私的过度泄露，计算系统设计了"无法继续访问"的安全阀，那么也就在保障个人隐私与追求计算结果的准确性之间形成冲突和取舍关系。

第三节　共享经济的积极性

共享经济的出现在给社会带来一定冲击的同时也发挥了积极作用。2019年的国务院政府工作报告指出我们仍然处于经济转型的"阵痛期"，经济问题复杂多变，在保持经济稳定运行的基础上也要坚持创新引领发展、促进区域协调发展、加快发展社会事业，共享经济在对接经济调节、辅助市场监管和扩大公共服务等方面都有对接作用，因而，共享经济的存在及持续发展具有较强合理性，我们应当允许其规范发展而不是一味反对，从而形成对其发

---

[1] Andrea Scripa Els, Artificial Intelligence as a Digital Privacy Protector, 31 Harv. J. L. & Tech. 217（2017）. p. 219.

展的保障。❶

一、共享经济助力于调节经济

共享经济在调节经济方面的积极作用应当置于经济新常态这一背景下讨论。伴随着人口福利的逐步衰减、"中等收入陷阱"风险等问题的出现，我国经济发展步入了新常态。而经济新常态呼唤供给侧结构性改革，共享经济是改革的部分内容，也是改革的阶段性成果。依托于互联网而形成的共享经济呈现出生机勃勃的状态，对推进结构性调整、增强供给效率、使供给体系全面更新有正面作用。

第一，共享经济促进生产变革，从而提升供给能力。大多数资源掌握在那些较大公司的手中，但是共享经济可以广泛利用社会闲置资源，从而利用自身优势克服市场的不完美。❷ 我们可以用到别人的车辆、厨房甚至公寓，或者其他未尽利用的资产或者"沉默资产"，来充分提高资源的利用率。生产资料集中在少数人手里，该类人群掌握生产资料所有权的占有、使用、收益和处分，社会与经济的发展就是为了克服生产资料集中在少数人手里。共享经济形成了整合型的商业模式，通过整合并重构资源，让人人都参与到资源的重新配置和利益的分享之中。这种生产变革方式既调整了供给方式也大大提高了供给能力。

除此之外，也可以利用共享经济充分推动制造业、农业等产

---

❶ Cathorene McKay, Uber: The Superlative Example in the Class of Transportation Network Companies – Why Pennsylvania's New Bill Regulating TNCS Is the Key to Their Continued Success in the Sharing Economy, 19 Duq. Bus. L. J. 51 (2017).
❷ Christopher Koopman, Matthew Mitchell & Adam Thierer, The Sharing Economy and Consumer Protection Regulation: The Case for Policy Change, 8 J. Bus. Entrepreneurship & L. 529 (2015).

业结构的转型升级。国务院于 2017 年颁布《关于加快制造业转型升级的工作情况报告》，指出应当不断深化制造业与互联网的融合和发展。支持大型制造企业、互联网企业及电信运营商构建基于互联网的开放式"双创"平台。实现制造业与共享经济有机联合的平台，倡导为消费者提供个性化定制的商品生产，原先大规模、低成本、中质量的生产方式依靠共享经济这一商业模式可以转化为个性化、订单式、高质量的生产方式。2018 年国务院颁布了《构建现代农业体系深化农业供给侧结构性改革工作情况报告》，其中指明应积极发展新业态，包括"互联网 + 粮食"行动，如引导各类返乡下乡人员到农村创业。积极发展共享农场、共享农庄，消费者通过众筹、集中资金等方式将资金投向选定区域的农户，搭建农户与消费者之间直接形成的生产、配送模式，从而提高生产和市场效率，借助共享经济的平台创新形成现代农耕社会。

第二，共享经济形成按需经济，从而提高经济效率。按需经济为工业社会的组织模式画上了句号，[1] 其是一种新经济形式，主要是由新兴科技公司为消费者提供即时产品或服务。在美国，按需服务活动较为普遍，很多繁忙的工作者已然通过各种按需服务应用获得了便利的生活服务。例如，医务应用为人们提供上门看病的服务；旅游休闲平台为人们定制娱乐休闲生活方式；家政客户端为人们提供给各种情景服务。在共享经济的平台之下，按需服务的模式渗透至各种细分行业领域，形成了随需随用和非固定职业的模式。以网约车为例，司机打开应用开始接单即是上班，而关闭应用停止接单即是下班。乘客按照需要的时间一键叫车，

---

[1] 张孝荣、俞点：《共享经济的下半场》，载《清华金融评论》2018 年第 6 期。

让这种合作关系变得灵活且高效。它的模式契合消费者的时间、空间、支付方式需求，对消费者而言是便捷且高效的。通过对接供需双方，让市场上的供需侧变得更为专业并增强竞争性。公司的员工可以变得像水龙头的水一样，招之即来挥之即去，不必每天都出现在老板面前，这是非固定职业的模式之一。

共享经济主要通过三种途径来提高供给效率。第一，扩大市场范围。共享经济增强了市场的作用，市场范围扩大的同时提高的产品供给效率要比政府高。第二，提高资源利用率。从前那些不参与市场活动的资源处于闲置、浪费的状态，而网络技术将它们从沉睡中激活。第三，降低交易成本。网络技术的互通性使得个人可以以低边际成本进入市场，大大降低了服务业的准入门槛，扩大市场竞争使得市场供给的数量和质量得以改善。供给者将闲置时间、资源提供给市场，因此成本相对较小，在这样低成本、高竞争的环境下消费者的交易成本得到一定的下降。

第三，共享经济拉动经济增长并转变消费观念。2015年中国共享经济市场规模近2万亿元人民币。[1] 根据《中国共享经济发展年度报告》（2019）显示，2018年共享经济市场交易额为29420亿元，比上年增长41.6%，2015—2018年，共享经济新业态对行业增长的拉动作用分别为每年1.6、2.1和1.6个百分点。[2] 共享经济对于推动整个经济的增长发挥了显著作用，并且有巨大的发展潜力，在往后的经济发展中仍会持续释放活力。共享经济被认为是

---

[1] 包兴安：《共享经济正成为推动经济增长的新动力》，载《证券日报》2016年11月19日第A02版。访问地址：http://www.p5w.net/news/xwpl/201611/t20161119_1641530.htm，访问日期：2024年7月16日。
[2] 关欣：《2018年共享经济市场规模和就业保持较快增长》，载《经济参考报》2019年3月4日第007版。

超越私有产权制度的社会合作，❶ 正是这个特质让其充分契合社会再分配与提供公共服务实践。一方面，共享经济是使用权的分享，这是一种非损益性的再分配。非损益性再分配不但没有对自己的所有权造成损失，而且提高了资源利用率，使社会中的闲置资源能够再次在市场中流转。使用权的分享与其他分配方式的不同之处在于，其分配的对象是社会冗余闲置资源，不再是可能侵犯他人所有权的国家福利制度等，分配主体从市场、国家变为线上平台，根据民主性与效率性，实现途径不再是制度导向，而是依靠共享经济，那么市场化程度更强。出于公民精神驱动的共享经济形成非损益关系，保障私有财产的同时也提高资源利用率。另一方面，共享经济可以克服提供公共服务中存在的对象范围过窄、资金短缺、社会化程度不高等瓶颈。"拓展底层力量的能力范围会比关注顶层的作用获得更丰富的收益。在点对点的互联网上有百万级的用户，以最少的管理、最大数量的连接，他们所能完成的事情远远超出我们的想象"。❷ 因此，人们对于物品不再局限于对其所有权的享有，而转变为对其使用权的认同和享有。

国外学者同样认为共享经济有积极作用。除了政治需求，市场需求仍然是共享经济蓬勃发展的主要驱动力。高市场需求表明两个事实：消费者对共享经济产品的兴趣以及对合理利用未充分利用的现有用途，如房屋中的额外卧室。福布斯估计，"通过共享经济直接流入人们钱包的收入"在 2013 年将超过 35 亿美元，此后几年的年增长率超过 25%。投资者将共享经济视为新的"大趋

---

❶ 王宁：《分享经济是一种改良运动——一个"市场与社会"的分析框架》，载《广东社会科学》2018 年第 2 期。

❷ [美] 凯文·凯利：《新经济，新规则：网络经济的十种策略》，刘仲涛译，电子工业出版社 2014 年版，第 16 页。

势",并且正在向相关的初创企业投资数亿美元。STR 市场就是这种增长的例证。

二、共享经济辅助公共服务供给

共享经济带有一定的公共服务性质。"公共服务"的提供者不仅包括国家给予的服务,还包括在法律范围内,其资金为公共利益创造价值的营利或非营利组织。在此,国家应当提供担保,或者在国家的控制之下进行提供公共服务的活动。[1] 当下学术界从公共服务的提供主体到公共服务的内容都采取了较为宽泛的认识和解释,即给予公共利益有效服务的可认定为公共服务。共享经济渗透出行、金融、教育、医疗、服务等领域,如滴滴出行缓解了长期困扰城市群体的打车难、交通堵塞、环境污染等城市交通问题,共享单车人性化地解决了短距离点对点交通尴尬,又如途家网让出行住宿变得高效且平价,这些我们日常使用频率较高的共享平台,让消费者切实感受到更为人性化和完善的公共服务。

"共享经济具有公共服务的本质,极大地促进了公共服务供给的效率"。[2] 在"互联网+"时代,仅仅拥有互联网思维是远远不够的——企业是一个有机的整体,只有大脑思维的改变,没有管理进化、战略调整、体制变革的支撑,就如同仅仅大脑中有想法而身体却没有行动,再多的想法也不能落到实处。互联网时代的到来也是权利转移的过程,包括知情权、交易权、话语权等权利的转移和赋予,移动互联网与社交网络以"人的行为为核心"的

---

[1] Jefri Jay Ruchti. The Public Service. World Constitutions Illustrated. William's. hein&co. inc. buffalo, New York, 2012, p. 70.
[2] 何继新、李原乐:《"互联网+"公共服务的本质内涵、源流生成与形态衍变研究——以共享经济为视角》,载《学习论坛》2017 年第 10 期。

信息组织方式，赋予用户前所未有的力量和权利。例如，互联网消除了信息不对称，消费者掌握了产品、价格、品牌等方面的信息，用户降低了比较成本，从企业主导转向消费者主导，消费者的知情权、交易权相比过去得到更大程度的实现。❶

发展共享经济对我国经济转型发展进入新常态，推动国际合作消化产能过剩，提高劳动就业率，持续壮大中产阶级，政府宜继续抱着开放之态，保持敬畏之心与宽容的力量。一方面，对于共享经济，不再只是单纯的合法与非法的问题，而是应该用传统就业规模进行规范还是针对共享经济的性质"改弦更张"，与其说这是法律问题，不如说是政府表明态度的问题。另一方面，这除了是行业监管问题外，还是新时代政府与市场、公众关系的重新设定，是否能真正打破壁垒，实现公众和市场在资源配置中的决定性作用，政府所强调的简政放权是否能真的实现以及如何提供更优质的公共服务。

---

❶ 王吉斌、彭盾：《互联网＋：传统企业的自我颠覆、组织重构、管理进化与互联网转型》，机械工业出版社2015年版，第19页。

第二章
共享经济对传统治理模式提出的挑战

共享经济的出现与发展，给社会带来了诸多变化。共享经济既是经济形式的一种同时也具有创新属性，从提高市场效率角度而言，具有提升社会福利的贡献。[1] 从法学角度而言，意味着权利义务关系发生的变化与革新。伴随共享经济的发展而来的共治，这既是社会治理的本能，也是智慧政府的理念。从给付行政法治视角而言，共享经济是提供公共服务、公共供给的新兴载体或实现路径，是现代政府提升给付行政的"原动力"。因此，共享经济的良好发展态势，在助推经济发展的同时，也有提供就业、提高公共服务质量的贡献。反之，共享经济的发展萎靡或失败则会减少公共服务的供给、降低公共服务的质量。同样的道理，共享经济发展的状况与给

---

[1] 蒋大兴、王首杰：《共享经济的法律规制》，载《中国社会科学》2017年第9期。

付行政的法治息息相关，共享经济发展良好在一定程度上可助力行政主体更好地完成给付行政任务，实现行政法治。然而，共享经济的出现给政府监管带来了一定的挑战，既有规则难以满足其规制需求，是否需要规则、如何规制成为广泛讨论的课题。

第一节　共享经济治理模式的困境

共享经济的治理现状存在着一系列问题，从理念、目标到主体、行为等方面都体现出了共享经济治理存在的困境。

一、理念：不当监管和不足监管

在共享经济治理现状中，治理理念同时面临不当规制和不足规制的双重问题。一方面，行政机关运用传统规制逻辑来治理共享经济则陷入不当规制的泥潭；另一方面，这种治理方式未针对共享经济的特点来设计规则而陷入不足规制的困境。其不当规制体现在以下两个方面。

其一，对共享经济的市场准入有不当规制之嫌。行政机关仍沿用以审批为中心的监管形式。以设定市场准入标准来监管网约车，包括以车主户籍、牌照籍贯、车辆类型等条件限制资源进入市场。❶ 如《网络预约出租汽车经营服务管理暂行办法》（以下称《网约车办法》）第十三条规定，网约车应取得相关汽车运输证件。

---

❶ 《北京市网络预约出租汽车经营服务管理实施细则》第 8 条规定，在本市申请《网络预约出租汽车驾驶员证》的驾驶员应有本市户籍。访问地址：https：//baijiahao. baidu. com/s?id =1624165774994627254&wfr = spider&for = pc，访问时间：2019 年 4 月 30 日。

第十五条规定，驾驶员应当经过行政部门组织的考核取得网络预约出租车驾驶员证照。上述两款条文，一款是对网约车进入市场的限定，一款是对司机人员进入市场的限定。《关于促进分享经济发展的指导性意见》中明确了诸如共享利用、支持创新、审慎包容等先进理念，但是在实际制定规范或者执法过程中并未完全落实。以市场准入或行政许可，对相对人自由进入市场的权利进行干预，限制其自由或财产，科以如通过考试或者符合条件的负担。❶

其二，以审批为中心的网约车监管与简政放权系统性改革方向有不一致之嫌。政府服务行政职能的转变不仅是行政职能多样化的要求，也是履行国家义务的表现。西方国家在政治和法律上给行政机关设定了一些积极的社会职能，以回应社会经济发展的客观需要。❷ 共享经济的出现是政府转变职能的动力与契机，成功的共享经济案例在提供公共服务方面发挥了积极作用。反之，失败的共享经济案例会造成公共服务便利性的倒退或停滞。如弥补政府城市公共自行车资源不足的共享单车纷纷失败后，城市地铁"最后一公里"的解决重新成为难题。成功的共享经济案例还是少数，公共便利性、社会就业率也未得到明显提高。政府并未抓住契机来协助进一步满足社会需求并转变政府职能。

二、目标：缺乏整体规划

监管目标即解决监管什么的问题，由于共享经济的监管目标是一个复杂的多元体系，包括公众安全、经济安全等内容。由于

---

❶ 翁岳生编：《行政法》（上），中国法制出版社2009年版，第30页。如法律规定行政机关在教育、卫生、社会福利方面必须执行某种政策或采取某些措施。

❷ 杨小军：《行政机关作为职责与不作为行为法律研究》，国家行政学院出版社2013年版，第6页。

缺乏整体性的规划，导致出现以下三方面的问题。

第一，监管态度的反复与纠结。以网络预约出租车为例，以时间轴为线索，探析政府监管部门对网约车的态度呈现的转变。2013 年国内市场上已出现较多打车软件，但此时政府仍呈现出监管缺位的现象，并未采取过多的立法或执法行为。同年，深圳市采取强制行为，要求司机卸载相关打车软件，北京市也强制统一了打车软件的形式。2014 年多地进行地方模式探索，以苏州为例则是明令禁止使用打车软件。同年，中央对网约车态度有所改善。原交通部发布了相关通知，表明了"营造统一、开放、公平、有序的发展环境"的态度，至此，打车软件得以在多数城市推广。2015 年是网约车和出租车博弈最激烈的一年，原交通部制订了网约车管理办法和出租车改革方案，上海市相关部门向滴滴专车平台颁发的经营许可证使滴滴成为第一家获得营业资格的公司。2016 年，一些城市又再次转变态度，用举报奖励、黑车黑名单等多种执法行为展开网约车整治行动。直到同年《网约车办法》的颁布与实施标志着网约车的合法化最终被认可。可见，政府监管部门对网约车的态度也经历了反复和转折，挑战不断变化，应变方式也要不断更新。

第二，法律规范滞后性凸显。"在改革型社会，社会需求和主张要或近或远将法律甩在身后。法律几乎要追得上，但总被拉开差距。"[1] 由于法律规范的滞后性、立法程序的烦琐性等原因，在以地方先行为主的规范模式中形成了以政策为主的规范体系。由于只能被描述，难以被定义，公共政策也可以按照其字面意思简单理解为为"公共"而制定的"政策"。公共政策较为突出的两个

---

[1] [英] 亨利·萨姆纳·梅因：《古代法》，郭亮译，法律出版社 2016 年版，第 13—14 页。

特点为时效性及利益衡量性。❶ 例如，国家发展改革委等部门在2017年颁发的《关于促进分享经济发展的指导性意见》中，针对共享经济的发展，以部门规章的形式明确应营造公平规范的市场环境并促进分享经济更好更快发展等理念，来平衡公共利益与经济发展之间的关系。诸如此类，还有《关于推动第一批共享经济示范平台的通知》《引导和规范共享经济健康良性发展的有关工作》，这些部门规章的共同特点为多部门共同颁发、时效性强、内容多为理念指导或发展引导，也就是为契合时代所需从宏观上把握公共利益。

政府监管的滞后性难以回应"互联网+"的发展。"互联网+"的发展在前而监管行为在后，政府对其监管难免落后于它的发展。"现代行政任务的嬗变必然需要它革新实现任务的方式，以作出相应的回应。在'丛林法则'支配下的市场经济中，行政权应为个人保留足够的自主空间，以满足个人化解生存危机的需要，同时，行政权还肩负着消除市场经济所造成的各种外部性问题的任务"。❷辅助市场经济的多样性发展即是现代行政任务之一，行政权回应该项任务时应当检讨行政行为的方式是否能够最佳完成任务。

《大数据时代》作者维克托·迈尔·舍恩伯格曾说过，社会适应技术创新需要一定的时间。❸ 在此过程中，包括对新技术带来的生活方式转变的适应及更新智慧应对技术创新的适应。除此之外，行政主体内部存在的博弈过程是对政府智慧的又一挑战。该博弈过程相比过去的政策制定、决策形成过程中的利益博弈而言，更

---

❶ 余凤：《作为行政法之法源的公共政策研究》，载胡建淼主编：《公法研究》（第6辑），浙江大学出版社2008年版，第105页。
❷ 章剑生：《现代行政法基本理论》（第二版），法律出版社2014年版，第16页。
❸ 王静：《中国网约车的监管困境及解决》，载《行政法学研究》2016年第2期。

多了行业认识、技术交流、智慧碰撞的过程。对行业主管部门而言,"互联网+"意味着旧经济形态遭到冲击,而"互联网+"尚未稳定,以及互联网革新中的产业技术尚未被人熟知,跨行业的产业技术分工又更为复杂了。此种情况下,各方意见纷至沓来,行政主体面临的不是要不要听意见的问题,而是在自身智慧缺乏的情况下,在各种意见的博弈中如何做到平衡的问题。若自身智慧不随着业态革新而提高,那么只会被社会上的各种声音牵着鼻子走,而无法站在政策制定者的高度来衡量"互联网+"带来的利益冲突。

第三,法规规范与上位法冲突。以《网约车办法》中关于网络预约出租车经营管理中的行政许可为例,该行政许可存在设定主体、设定方式、设定程序等内容不符合上位法的规定。[1] 首先,《网约车办法》为部门规章,其中关于行政许可的相关规定则不符合《行政许可法》中设定主体限制的要求。其次,国务院所设定的行政许可应为临时许可,如果在临时使用或试行后仍要继续实施的,应当通过提请全国人大及其常委会制定法律或者自行通过立法程序制定法规的方式来设定行政许可。最后,政府严格的规范也会诱发垄断的发生。政府实施的各项规范对网约车的准入条件、价格标准等作了明确规定,一部分网络预约出租车公司因资金不足等原因难以符合严苛的条件而被滴滴出行公司收购,最后可能出现行业垄断的情形。[2]

三、主体:监管体制无法适应互联网的融合环境

现行的监管体制是根据行政管理部门的管理权限划分的,无

---

[1] 沈福俊:《网络预约出租车经营服务行政许可设定权分析——以国务院第412号附件第112项为分析视角》,载《上海财经大学学报》2016年第6期。

[2] Kenneth A. Bamberger; Orly Lobel, Platform Market Power, 32 Berkeley Tech. L. J. 1051 (2017).

法适应互联网的融合环境。❶ 当共享经济出现时由于管理职责未划分明确而出现无人管理或争权夺利的现象。以下将从中央与地方、地方与地方、部门与部门之间的关系来阐述职权划分、职能调和方面存在的问题。

（一）中央和地方事权划分模糊

网约车的监管究竟是中央事权的范围还是地方性事务？是应当进行"顶层设计"还是应当因地制宜进行地方化的管理？这个问题最先出现在行政机关作出行政行为所选择的法律、法规等规范依据上。行政机关监管网约车的依据主要包括法规和规章。第一，行政法规。例如《中华人民共和国道路运输条例》，如果根据该法规第七条的规定❷，那么监管网约车也就属于交通部门权限范围，行政机关依据该法规的相关规定即对相对人作出扣押、罚款等相应行政行为。第二，地方性法规。如地方道路运输管理条例、出租汽车管理条例，地方管理部门认为网约车经营活动同样为出租汽车经营活动，应当适用地方出租汽车管理条例，并且根据该条例而作出的行政行为是正当的。第三，部门规章。在《网约车办法》实施之前，网约车运营性质上还是违法事务并未进入合法化的交易市场中，是在法律阴影中徘徊的经济行为。❸ 实施之后，行政机关作出行政行为依据的部门规章即主要为《网约车办法》。部门规章和地方性法规构成了监管体系的主要组成部分。在这种情况下则面临法律适用的选择问题，也就是网约车监管统与分的

---

❶ 王敬波：《面向分享经济的合作规制体系构建》，载《四川大学学报》（哲学社会科学版）2020 年第 4 期。
❷ 县级以上地方政府交通主管部门负责组织领导本行政区域的道路运输管理工作。
❸ Saskia Sassen, The Informal Economy: Between New Developments and Old Regulations, 103 Yale L. J. 2289 (1994).

纠结。多数学者认为网约车监管是属于城市管理的地方性事务，应当由地方政府来监管，并且也符合简政放权的理念和思路。❶

在《网约车办法》实施之前，行政机关大多依据行政法规作出行政行为，在《网约车办法》实施之后，依据旧的地方性法规或地方性网约车细则作出行政行为的也不在少数。地方性法规与部门规章效力位阶相同，但是如果根据《行政诉讼法》第六十三条的规定❷，那么在案例中，若行政机关依据地方性法规来作出行政行为的，在大多数情况下可以得到法院支持。

因而，部门规章《网约车办法》则处于一个相对尴尬的位置。该规章的出发点或者关注点在于助力网约车提供公共服务，而部门规章的有效落地、接地气就需要地方政府在规章所留出的"地方余量"中进行细化、微调。而地方政府有时却是共享经济的对手、摧毁新兴业态的"监管者"。❸ 例如，地方政府所担忧的税收损失、法律的普遍适用性等问题是部门规章所忽略或者较难权衡的。❹ 除此之外，地方政府的监管部门是否具有足够的能力和技术来回应共享经济而实现有效监管？从中央到地方、从部门规章到地方性法规之间出现了一定的对抗关系。

（二）地方政策性壁垒的存在

巡游出租车经营监管为地方事权，网约车经营监管同样有此特点。与巡游出租车经营不同的是，网约车具有跨地域性，这样

---

❶ 王锡锌：《在纠结中前行的网约车改革》，载《人民论坛》2016 年第 9 期。
❷ 在审理行政案件时行政法规、地方性法规则优先于规章适用于本行政区域内发生的行政案件。
❸ Stephen J. K. Walters Millennials Can Rescue Cities from Their Leftist Rulers, NAT'L Rey, http://www.nationalreview.com/article/421897/mil‑lennials‑can‑rescue‑cities‑their‑leftist‑rulers‑stephen‑j‑k‑walters.（last visited Aug. 20, 2020）.
❹ Michelle Wilde Anderson, Sprawl's Shepherd: The Rural County, 100 Calif. L. Rev. 365（2012）.

就面临地方性壁垒，存在监管标准、方式不统一的可能。正是由于对网约车的认识不完全、不深刻和所持理念不一样，各地、各有权监管机关所考量的监管对象、相对人行为危害性、行为依据有所不一，导致各地监管手段、强度、密度也有所差异。网约车究竟是公众福祉还是无尽破坏？一种观点认为，共享经济在增强经济发展、提高社会效率、优化行政管理等方面都发挥了重要的促进作用。行政规制保持适当的谦抑性，既符合落实新发展理念、贯彻包容审慎原则、构建优良营商环境的要求，同时也为新兴行业的发展创新留足空间。❶ 另一种观点认为，网约车的出现和繁荣给传统运输行业、行业从业者、公众都造成冲击和较大风险。正如美国网约车案例中出租车从业者的诉求一样："TNEs之类的运输网络实体的出现破坏了市场独占性，相当于在没有公正补偿的情况下侵犯了原有从业者的财产权和平等权。"❷ 从处罚力度来看，对同一违法事实行为，不同地域处罚力度从数千元到五万元不等；同一地域的处罚力度也从二万元到五万不等，这些现象也从侧面反映出各地政府的监管对象不同、对行为的危害程度也存在认识上的差异。

（三）多部门监管的现象

在网约车的监管中，监管主体包括交通运输局、交通委员会、出租汽车管理处、乡镇人民政府等部门，于是形成多部门针对同一事务的多种监管方式。以部门监管为导向的监管模式不从监管对象的特殊性、相对人的权利或者公民的权益出发，而主要关注秩序维护和经济发展，甚至为了监管而监管，各个监管部门的目

---

❶ "广州市交通委员会与蔡平等行政处罚及复议纠纷上诉案"，（2017）粤71行终786号。

❷ Checker Cab Operators, Inc. v. Miami‐Dade Cty. 899 F. 3d 908 (11th Cir. 2018).

的、方向、宗旨都有所不一。一方面，不管是违反哪个部门的规范、破坏了哪个行业的秩序，其构成要件是一致的，并未体现出该项法益的特殊性，最终导致监管目的流于形式。另一方面，监管目的是监管模式的关键和基础，各部门根据各自法定职责而行使监管权、采取监管措施，具体是否实现有效监管、增长公众福祉则被排在第二位，变为部门导向而不是目的导向的监管模式。

四、行为：出现选择性执法现象

许多网约车案例中，行政机关仅对网约车营运模式下游的网约车司机作出处罚，未对网络运营平台作出处理，存在选择性执法的问题。除上述未对网络运营平台作出处理的现象外，对网约车司机和平台的执法力度也存在选择性执法问题。在现实案件中，对平台的罚款数额与对司机的罚款数额相差不大，但是相比于二者在运营活动中的收益却形成巨大的比例差距。如司机收费数元而被处罚万元，而万元处罚额度对平台来说可以忽略不计。

传统的"命令—强制"监管模式体现出行政机关直接干预的欲望和方式，但是随着社会民主化的发展和人们权利意识的普遍提高，强制性监管手段的运用除了产生许多负面作用外，更重要的是其范围、领域、强度已经难以覆盖网约车监管的全部对象和客体。行政机关和法院在裁量过程中，其裁量标准往往围绕着非技术对象，而忽略对技术性对象的审查，这凸显出这种传统监管模式的覆盖面、监管重点、逻辑体系等方面是存在漏洞或冲突的。出现的许多裁量是没有完善的规制，而之所以出现这种情况是因为许多裁量不知道如何进行规制或者如何制定规则。❶

---

❶ [美] 肯尼斯·卡尔普·戴维斯：《裁量正义》，毕洪海译，商务印书馆 2009 年版，第 15 页。

选择性执法存在较多弊端，如降低法律的可预期性、出现规制捕获甚至进一步阻碍国家治理水平的提高。在共享经济领域，平台的作用不可忽视，在网约车司机的观念中，没有平台根本无法完成网约车运营活动，并且他们对于平台的信任就如同对于公权力的信任。如果司机的行为违法，那么平台也不可免责。除此之外，从网约车运营活动的社会危害性到司机的收入而言，针对司机的处罚金额明显畸重。因而，在社会危害性较小的情况下，将行为的后果全部归责于司机并对其个人作出较重处罚有违比例原则。

五、治理效果适得其反

就某些新兴的经济、社会等事项或现象，行政规范性文件的运用，其合法性与合理性有待进一步强化。地方行政机关通过制定地方细则落实《网约车办法》，地方细则的出发点是为了将共享经济的发展置于法律框架内，但结果却出现了其他"违法行为"或者应对办法。北京市的实施细则规定了严格的驾驶员资格条件，按照此类最严格意义上的要求，所有网约车平台被削去大量运力，许多网约车司机只能"无证运营"。在一些二线城市，地方细则则遭遇了松懈或搁置的境遇，相当一部分驾驶员并未取得网络预约出租车《驾驶员证》，也就是在"不合规"的情况下上路载客。另外，《网约车办法》颁布的目的之一为允许私家车直接与平台签订劳动协议，取消汽车租赁再劳务派遣这一环节。而《网约车办法》对网约车辆标准的划定，使得汽车租赁公司有了可乘之机，再次使其中的法律关系复杂化。

政府监管的干预性难以激发"互联网+"的活力。干涉行政又称为侵害行政、负担行政，行为的主要特征为对相对人施以负担、对权利有一定限制性或施以一定义务，并且在此过程中可能会动用强制手段。维护市场交易秩序的正常、安全和保护公共利益，干涉性行政手段必不可少。但是由于干涉性行政行为直接对相对人的权利进行限制或者施加义务，所以应当慎用，应当有明确的上位法依据或者充分经过市场论证方可适用干涉性行政行为方式。如监管共享单车的政策中，统一加装智能定位锁、一定年限强制报销、实行总量控制等对共享单车的要求和规定，应当具备上位法甚至是法律层面上的依据。所以，在现行有效的法规、规章或者其他规范性文件中应慎用干涉性行政行为。另外，从"互联网＋"的需要以及干涉性行政行为伴随的负担性来看，干涉性行政行为存在扼制"互联网＋"发展的隐患。

一方面，"互联网＋"的难以预期性要求行政行为的柔性。对"互联网＋"，不管是对市场、消费者还是行政主管部门而言，相对来说都是陌生的。行业从业者、行政主管部门都是"摸着石头过河"，因此不管是规制手段还是监管手段都应当有所节制。即使行政主体在进行了充分调查、论证的情况下，若以许可、强制、限制等干涉性手段来规制，也可能会将"互联网＋"淹溺在水中。但是若以柔性或中性的行政行为方式进行调节，可视市场情况或者现实需求进行干预，可以为"互联网＋"的发展预留一定的空间和时间。除此之外，即使"互联网＋"在发展过程中出现偏差，可能仍旧可以依靠市场手段进行调整，而不是在萌芽之初就以干涉性行政行为进行扼制。

另一方面，干涉性行政行为滋生腐败的可能性不利于"互联网＋"的发展。干涉性行政行为必然会与行政权力产生紧密联系，带来权力寻租或滋生腐败的可能性。凯恩斯政府干预理论认为：政府能不干涉资源配置就尽量不干涉，若要干涉则应当以市场的手段为之，避免行政手段的干预。政府参与资源配置是末端手段，即使是末端手段，也不能直接干预，还是要以市场的手段进行政府干预资源配置。政府规制"互联网＋"的主要目的在于起到有效监管、良好资源配置、为经济发展保驾护航的效果，干涉性行政行为的权力属性可能会导致权力行使者在经济利益的驱使下出现权力错位或者虚置的情况，那么不仅行政行为的目的难以实现，反而会产生与经济或者政治相关联的阻碍因素。

在共享经济领域，形成公权力与私权力的运行两套体系，两套体系的运行效果也形成对比。许多网约车司机并未取得网约车驾驶员证或网约车运输证，但是仍然抱着侥幸心理提供网约车服务，一方面是从事网约车运营能够给司机带来一定收入，缓解滴滴司机的生活困境。另一方面是滴滴平台对行政处罚是有条件地赔偿，滴滴司机也有一定的保障。被行政处罚后的滴滴司机，仍然按照原来的形式从事该行业，严厉的行政处罚并未发挥立法时所期待的维护社会大众利益、确保行政管理的有效性或维护法安定性等功能。❶ 而平台对司机的监管反而产生了更好的管理效果，平台对司机的评价、控制订单的数量、实时定位监管其行为是否符合道路交通法规甚至清退等手段都让滴滴司机积极遵守法律法规、提供优质服务。

第二节 共享经济治理模式存在困境的原因

在我国，"改革急迫性与法律滞后性的矛盾容易带来特定时期'良性违法'现象的发生。"❷ 直面法律与现实的差距是调整或缓

---

❶ 陈鹏：《界定行政处罚行为的功能性考量路径》，载《法学研究》2015年第2期。
❷ 郝铁川：《法治随想录：法治如何变革中国》，中国法制出版社2016年版，第244页。

解该矛盾的一个视角，科技的日新月异我们有目共睹，给社会带来了利弊互见的双面性，生活在这个科技革命的时代，法律的作用在于在社会变动之间仍然维护公平、平等和安全。以共享经济这一形式为代表的制度内容已经给我们的社会带来巨大变动。关于其中法律利益的重构、对现有秩序形成的挑战以及其产生的原因和意义，是该形式或者该制度的重要实践内容。

一、客观原因：共享经济创造性的破坏

传统经济搭载互联网的发展是建立共享经济的一部分内容，对既定社会秩序形成一定挑战，包括对社会结构的稳定性、社会规范的施行程度都带来挑战，造成社会中的无序和冲突现象。正如卢梭所认为，社会契约所要解决的根本性问题为找到一种结合形式来捍卫和保护每个结合者的人身和财产安全。❶ 人身和财产安全是稳定秩序的一部分，形成社会秩序并保持社会秩序的稳定性显得格外重要。❷ "互联网＋"解构了传统经济形式，形成共享经济，共享经济进一步解构社会关系，社会关系的变动又影响社会秩序的稳定。

（一）事中事后难以找到入手方向

社会秩序意味着社会在某个阶段的运行状态。它是超越个人，由法律和习惯而形成的安全和自由的领域，使群体能够不受损害

---

❶ ［法］让－雅克·卢梭：《社会契约论》，黄小彦译，译林出版社2019年版，第17页。

❷ 程维、柳青等著：《滴滴分享经济改变中国》，人民邮电出版社2016年版，第165页。"互联网的实质是一种关系，'互联网＋'的实质是关系及其智能连接方式。'互联网＋'最显著的特征与对经济社会的影响是对于结构、连接、交互、关系的重塑，进而影响到逻辑与模式。'互联网＋'打破信息不对称，重新解构了过去的组织结构、社会结构与关系结构。"

而没有冲突地生活在一起。❶ 也就是说，法律和习惯是建构、维持社会秩序的重要方式。以传统出租车行业为例，其秩序主要由《道路交通运输条例》、地方出租车管理办法构成，包括从事客运行业的经营许可、车辆要求、人员条件等内容，对驾驶员、运营进行管理，以行业规定、法律责任等形式构建该行业秩序。但是随着社会发展、新事物的出现，原有或者上述秩序遭到破坏，也就是说原有的法律、习惯无法解释、规范新事物，导致秩序的混乱。共享经济对现有社会秩序的破坏更为直观的理解就是对我们生活方式的影响或者说是对我们生活规则的改变。"互联网＋"新模式使各种软件、平台纷纷涌现、迅速发展。其中最大的特点是从客户需求直接落实到客户实现，如网约车、酒店短租平台、音频分享平台、鲜花微店、在线洗衣店。以网约车为例，网约车的出现改变了原有的出租车行业的经营许可、运营管理、从业资格等秩序状态，对传统出租车行业形成的秩序造成了一定程度的破坏性。

（二）网络市场的特殊属性需求个性化定制监管

立法先行在法治国家建设中占有重要位置，法治国家建设范围广，包括体制改革、社会创新等体系都应纳入法治轨道中，在构造之前都应以立法规范其社会行为、行政行为等对象。在改革与立法的关系中，立法在法治国家建设、社会创新保障等方面都有独立的价值。而共享经济的出现，使此类社会变革突破了现行法律规定，出现了暂时性的规范真空，导致立法、执法部门在一定程度上被"绑架"，造成无秩序风险。❷ 以网约车为例，网约车的出现修改了原有法律规定的驾驶员条件、运营资格等内容，打

---

❶ 徐晓军：《社会秩序视角下的公共危机与制度变革》，载《华中师范大学学报（人文社会科学版）》2012年第1期。
❷ 马怀德：《立法先行　质量为本》，载《中国司法》2015年第1期。

破了既有的商业模式和秩序框架,在社会积极需求和法律空白的双重挟持下创造出了一块新兴"飞地"。[1] 因科技进步、社会创新形成的"飞地"对现有秩序造成持续性的破坏,既不在原有法律规范的范围内,又因符合社会需求和进步方向而难以以暴力方式取缔,形成了阶段性的无秩序状态。这种无秩序状态包括旧秩序遭破坏而新秩序未重建,既表现为秩序的混乱,也表现为秩序的缺失。如网约车司机与平台之间是否形成劳动关系,如果用传统"劳动关系"的概念,就难以解释该现象,其从属性、认定标准等内容无法简单套用过去的内涵。而劳动关系的变革不仅影响了用工双方的利益,也间接影响了消费者的合法权益。因此,这种强行改变原有秩序,逃脱原有法律规范的无秩序状态也是对既定秩序的挑战。

(三) 交易结构横向化、法律关系复杂化

共享经济背景下形成的法律关系较为复杂,虽然存在多元的利益诉求,但是都指向共同的目标,也就是对自我权益的实现和保障。以平台类共享经济为例,网约车的出现改变了传统的单纯买卖关系,使得其中的法律关系变得复杂化。在一笔完成交易的网约车订单中,存在四方主体,包括政府、网约车平台、提供行车服务的个人以及消费者。政府与平台形成的是行政法上的监督关系,平台与个人形成的是劳务关系,消费者与个人形成的是买卖关系。从利益衡量角度而言,后两者代表市场竞争中的商业利益,政府对平台的监督代表的是对公共利益的保障。由于宪法学中"公共利益"与"个人利益"的内在张力,其利益诉求相反,

---

[1] [美] 凯文·凯利:《新经济,新规则:网络经济的十种策略》,刘仲涛译,电子工业出版社 2014 年版,第 223 页。

则有学者认为共享经济同时具有公共属性与商业属性，因此不宜作为提供公共服务的模式。❶ 但是在共享经济中，消费者的合法权益、公共利益以及商业利益三者并不是取舍的关系。共享经济解决了国家的产能过剩、扩大公共服务的问题，平台为私人提供更多的就业机会，消费者有偿获得更完善和优质的公共服务。为此，传统的行政法治在应对上述利益博弈与重构之际，暴露出的缺陷或不足尤以滞后、被动最为突出。

二、主观原因：未充分兼顾共享经济的特殊性

以网约车为例，共享经济给人们经济、生活带来极大的便利和好处，也不可避免地引发了诸多利益冲突，在利益博弈的过程中，既有利益关系可能会变动，而新利益关系得以建立，也就形成了社会变迁下的利益关系重构性。多方利益主体引发多重利益诉求，在新旧问题的累积与重叠之下造成了利益的解构与重构。

（一）政府监管精细化程度不高

出租车等传统行业的既得利益图景将被打破。传统出租车行业运营成本高，网约车的诞生不仅触动了出租车行业长久以来的利益垄断，也造成了出租车行业更艰难的生存环境，引发了打车行业的市场争夺。在网约车兴起之初，多地爆发了出租车司机集体大罢工，以示对非法运营的不满。❷ 正在成长中的网约车公司带有经济主体的市场逐利性，把企业的生存发展、利益需求放在首

---

❶ 谈婧：《清华大学〈共享经济白皮书（2017）〉重磅发布：六个关键词理清误区与真相》，访问地址：https：//zhulan.zhihu.com/p/33000280，访问日期：2024年7月16日。

❷ 《出租车集体大罢工抵制网约车，新市长给出承诺》，访问地址：http：//baijiahao.baidu.com/s?id=1598151284136837737&wfr=spider&for=pc，访问日期：2024年7月16日。

位。与此同时，公众从中也享受到了更好的公共服务，在消费者权益保护和接受优良公共服务之间的平衡则是其最为关心的利益取向。在维护既有秩序、公共利益和国家利益的多重目的下，一些地方政府针对网约车开展钓鱼执法或者"打击黑车"等活动，多地政府的打击活动进入公众视线，备受大家关注。

（二）没有尊重网约车的特殊性

一方面，相关职能部门采用的高权性行为，促使以公众接受良好公共服务为代表的公共利益得到一定程度实现。共享经济带有准公共服务性质，"公共服务"不仅包括国家给予的服务，还包括在法律范围内，其资金为公共利益创造价值的营利或非营利组织提供的服务。因此，国家应当提供担保，或者在国家的控制之下提供公共服务的活动。❶ 从公共服务的提供主体到公共服务的内容都采取了较为宽泛的认识和解释，即给予公共利益有效服务的可认定为公共服务。共享经济渗透出行、金融、教育、医疗、服务等领域，滴滴出行缓解了长期困扰城市群体的打车难、交通堵塞、环境污染等城市交通问题，共享单车人性化地解决了短距离点对点的交通尴尬，途家网让出行住宿变得高效且平价，这些我们日常使用频率较高的共享平台，让消费者切实感受到多样化、人性化和更为完善的公共服务。

另一方面，营利企业的逐利性和政府对市场的管控也是诸多利益纷争中的一部分。市场主体主要考虑经济利益，以经济效益作为决策考量，从而形成一定的交易模式。"经济理性人假设是近代民商事法律制度设计的基本人像预设。在这一人像预设下，情

---

❶ Jefri Jay Ruchti. The Public Service. World Constitutions Illustrated. William's. hein&co. inc. buffalo, New York, 2012, p. 70.

感因素被排除在制度设计的考量因素之外,经济关系是利己新世界中能够如数学方程式一样进行计算和解答的等价交换关系。这就成就了近代法的非伦理学"。❶ 市场主体在交易过程中,时常是保持理性的,也就是以自身利益最大化、满足自身需求为行为起点和决策落脚点。作为追求经济效益的市场主体,其行为以实现利益最大化为目的,难以站在社会资源配置的高度对资源进行有效利用。因此,政府在市场经济中发挥着制定经济政策等宏观作用。正如奥巴马政府所认为的"政府不在于是否过于庞大或狭小,而在于它是否起作用,是否运行良好,如果答案是肯定的就继续向前走。如果答案是否定的就将计划砍掉"。❷ 显见,政府的这一作用在共享经济中亟待重新评估和矫正。

第三节　共享经济模式二元治理的路径选择

现实对理论有反馈作用,而理论的发展最终又指引现实的进步。社会交往的需要、人民的生活习惯、当前的社会条件与法律的正义、适当、目标等常常进行相互交换与批判。❸ 传统监管方式作用于共享经济并未取得预期效果,并且也忽视了其具有提供公共服务的功能。也有学者认为应当以软法来治理互联网公共领域,❹

---

❶ 董彪、李仁玉:《"互联网+"时代微商规制的逻辑基点与制度设计》,载《法学杂志》2016 年第 6 期。
❷ [法]弗雷德里克·马特尔:《论美国的文化——在本土与全球之间双向运行的文化体制》,周莽译,商务印书馆 2013 年版,第 236 页。
❸ [德]齐佩利乌斯:《法学方法论》,金振豹译,法律出版社 2018 年版,第 94 页。
❹ 石佑启、陈可翔:《论互联网公共领域的软法治理》,载《行政法学研究》2018 年第 4 期,第 54 页。马长山:《互联网+时代"软法之治"的问题与对策》,载《现代法学》2016 年第 5 期,第 49 页。

鉴于此，可以以干预与给付行政的双重逻辑框架来研究共享经济并促进其发展。将其视为实现公众利益的公共服务新形态，充分利用给付行政的价值偏好、理念方法来解决规则冲突、公信力不足等问题。

一、共享经济模式二元治理路径的动因与目标

对共享经济的行政法治体系建设应当转型，机制、模式的转换的症结在于对目标、方向、目的、宗旨的界定错位，从而导致体系建设的错位。作为政府职能和职责所在，维护社会经济、秩序，保稳定、求发展是义不容辞的，但是同时要意识到最终目的是实现人的权利、尊严和福祉，不是为了发展而发展。所谓二元治理路径的建构，关键在于理念、原则的转变，使过去的行政管理模式向行政保障模式转变，最终实现向以人为本的模式转换。

（一）选择二元治理路径的动因

第一，一元治理的局限性推动治理转型。传统监管方式难以灵活应对平台的私权力行为。也有学者称之为"互联网+"时代的"软法之治"，"互联网+"新业态中应运而生的软法在指导行业实践、规范行业秩序以及保护公众等方面发挥了积极作用，如网约车平台的交易规则、淘宝的纠纷处理规则以及其他平台中的知识产权保护规则。[1] 以滴滴平台为例，司机与乘客有双向评价机制，司机评价等级高则可以获得平台奖励、优先派单、优质派单等好处，反之若评价不合格则面临减少派单甚至清退的情况，因

---

[1] 马长山：《互联网+时代"软法之治"的问题与对策》，载《现代法学》2016年第5期，第49页。

而滴滴司机的"贫富差距"可能拉大。❶ 司机对乘客的评价则会影响乘客出行效率、出行质量等。而简单的纠纷通过系统内的解决方式可能效率更高,在纠纷解决机制上,滴滴和腾讯等平台都争相向阿里学习,如支付宝中有"陪审团",闲鱼中有"小法庭",充分利用线上用户资源形成"讨论+判定"的模式,在情与理的平衡下,当事人更容易接受纠纷解决结果。这种通过"公众评议会""大众评审"来调和的方式成为行业风向标,截至 2018 年 12 月,利用该模式成功处理 1587 万余起纠纷。❷

第二,共享经济创新推动治理转型。在"互联网+"时代,要实现企业的同步转型,应当进行有机的、整体的变革,包括思维、管理体制等方面的改革,犹如思维和大脑的配合。发展共享经济在发展和壮大中产阶级、提高就业率并消耗过多的产能上都有着积极作用,政府宜继续抱着开放之态度。一方面,对于共享经济,不再只是单纯的合法与非法的问题,而是应该用传统就业模式进行规范还是针对共享经济的性质"改弦更张",与其说这是法律问题,更不如说是政府表明态度的问题。另一方面,这不仅是行业监管问题,还是新时代政府与市场、公众关系的重新设定,是否能真正打破进入门槛,实现公众和市场在资源配置中的决定性作用。政府所强调的简政放权是否能真的实现以及如何提供更优质的公共服务。

对共享经济的规范或监管是一个较新的话题,许多国家对此

---

❶《滴滴快车新规上线,服务分变成口碑值,司机贫富差距可能会拉大》,访问地址:https://baijiahao.baidu.com/s?id=1635013022337685853&wfr=spider&for=pc,访问时间:2019 年 7 月 1 日。

❷《解决 1500 万起纠纷,腾讯滴滴都学习,阿里首创这项机制成行业共识》,访问地址:http://dy.163.com/v2/article/detail/E4TR8HN80517W6FN.html,访问时间:2019 年 7 月 1 日。

进行了探索。英国政府就共享经济服务展开了一定程度的合作，如共享认证系统、电子化的犯罪记录。这是政府利用大数据监管的表现，逐步打破信息孤岛，共享平台积累的丰富数据也可以实现与政府数据的对接，这改变了过去的监管和政务方式。英国和日本等国家针对共享经济组建了类似分享经济协会等新业态行业组织，发挥了风险预防、协调、规划、监督等作用。我国则是在中央原全面深化改革领导小组第十七次会议上提出进行地方化、差别化探索，地方人民政府既要承担起作为主体的责任，同时也要有充分的自主权和决策权。除此之外，还可以从以下三方面进行监管探索：鼓励行业的自律与自治，鼓励政府与企业建立协同机制，而协同机制的建立需要信任合作的基础，充分让平台发挥主观能动性；通过平台自我约束、动态管理、更为严厉的惩戒措施三者的相互配合，即发挥平台主体的能动作用、简政放权并适度监管；让公众充分参与监管治理创新，切实实现民主，平台用户可以有畅通的渠道参与评价、提交意见进行表达，尊重用户主权与用户选择权来充分实现民主。

　　第三，司法智识提供的理性指导推动治理转型。一方面，法院肯定了竞争自由、创造自由以及新业态带来的公共利益。与平衡传统行业与新业态的司法态度相比，也有司法案例认为应当保持开放的态度，保护竞争自由，在维护市场经济秩序的同时实现优胜劣汰。与此同时鼓励创新、保护创新，肯定科技发展引发的行业革命给社会公共利益带来的好处。司法机关从以下两方面肯定网约车符合公共利益方向并鼓励其合法发展，即不支持沿用一般的、旧的规范进行监管以及提倡正当程序下的监管。

　　另一方面，法院不支持行政机关适用一般的、旧的法律规范于共享经济。广东省高级人民法院发布了 2017 年涉互联网十大案例中的案例,❶法院的生效判决肯定了行政机关对属于共享经济的"网约车"进行管理,但是由于事物的发展日新月异,不宜将法律性质还未明晰的"网约车"定性为"非法营运"。对事物的定性错误将导致后续的法律适用错误以及处罚错误,并且在司机通过平台提供服务的情况下,若只处罚司机而不处罚平台则是行政行为选择性执法的表现,有失公允。司法态度倾向于提倡行政机关从提供服务和指引的角度对社会中的新生事物进行管理,不仅有助于规范行政机关作出合法合理的行政行为,也有助于建立起和谐的行政主体和相对人的关系。

(二)二元治理路径的目标

一方面,治理社会化。治理社会化是对治理主体要素方面提出的要求,用于激发社会组织、社会成员参与其中从而提高社会治理的社会化水平。《中共中央关于制定国民经济和社会发展第十三个五年规划的建议》强调了以人民为中心的发展思想,既要充分考虑人的全面发展,又要保障人民群众的平等、积极参与。党的十九大报告中特别强调了"打造共建共治共享的社会治理格局",人民群众的参与就成了治理中最具活跃性、最具影响力的主体要素。大量的利益集团网络以及这些集团内的公共参与催生了公民社会,在这样的社会中,人们所参与的社会交往受国家控制、管制较少,从而可以通过多种社会组织来治理并提供"公共产品"。如社区团体、行业组织、志愿协会、基层群众自治性组织或通过大众媒体和网络获取信息的方式,都是公民社会的重要组成部分。个体通过参与公民社会而得以社会化,从而拥有各种社会

---

❶ 《广东高院发布 2017 年涉互联网十大案例》,访问地址:https://www.chinacourt.org/article/detail/2018/08/id/3444783.shtml,访问时间:2019 年 7 月 1 日。

技能和协作关系,这些都是社会运行良好的一部分。❶

公民社会是服务型政府的的基础。之所以这样说,是因为公民社会与臣民社会有本质区别。臣民社会是建立在君主专制政治制度背景下的,以严格的等级体系表现出对专制政治权力服从和依附的社会,在法律上表现为义务本位。臣民并不具有独立的人格和意志,在经济、生活等各方面都对国家具有强烈的依附性,同时肩负多重义务。公民社会则不一样,有主人翁精神、主体意识、权利要求,公民的意愿是通过民主选举产生的政府来服务于社会,这种自下而上的要求必然导致管制型政府向服务型政府的转型。

服务型政府是公民社会发展的条件。公民社会的发育、生长需要一系列条件的支持,其中以服务型政府建设为基本条件。管制型政府相比服务型政府,必然会多一些限制,如根据《社团登记条例》第九条的规定,申请成立社会团体的,应当经过业务主管部门的审查同意。这个找业务主管部门并且经过业务主管部门同意的过程存在诸多障碍。反过来,服务型政府与公民社会是合作关系,社会组织协助政府实现其职能、目标,政府也同样鼓励和促进社会组织的发展。近年来,为了培育发展社会组织,国家权力不断下放、向社会转移,以社会本位、人民本位为目标,同时提出一系列扶持社会组织发展的政策措施。

在讨论服务型政府与公民社会的关系时,明确了以下两个问题:其一,在公民社会时代,服务型政府不同于管制型政府,服务型政府的职能主要是服务;其二,公共服务是服务型政府的基

---

❶ [美] 小 G. 宾厄姆·鲍威尔、拉塞尔·J. 多尔顿、卡雷·斯特罗姆等:《当代比较政治学 世界视野》(第 10 版),杨红伟等译,上海人民出版社 2017 年版,第 77 页。

本职能。然而，政府并不是公共服务职能的唯一提供者。这同时解决了政府应当是以哪方面内容为主导以及政府职能与民间、社会的界限问题。在公民社会不发达、以建设管制型政府为目标的时代，政府几乎与公权力等同，是公共事务、公共物品的主要甚至唯一供给主体。在现代国家出现之前，公共行政的范围十分狭隘，地方的社会事务主要由地方自治体负责，例如工、青等协会和商会等其他社会组织的独立性较弱，相对的就是对政府的依附性较强，行使管理社会公共事务的职能有限。

但是随着市场经济的发展，各种行业协会和商业组织开始大量出现。进入20世纪以来，世界各国的经济社会经历了巨大变迁，许多本来由政府垄断的领域都有了私人的印记。自20世纪60年代起，西方发达国家兴起的民营化，以及规制缓和理论与实践的发展，私人理论广泛介入了公共生活领域。在警察行政领域，现代警察的产生是地方政府或大都市适应商品经济和城市化的发展。在英美法系国家，公权力这一概念并不必然对应国家，如社会治安任务应当由国家和社会共同承担。英国自20世纪80年代中期开始，保守党政府越来越多地把私有化政策应用到刑事政策领域，如鼓励和认可公民自发组织的治安维持和街道巡逻。❶ 总体而言，人们意识到社会公共事务并非只有政府能够管理，社会同样可以具有管理公共事务的功能。那么，社会公权力的成长是依靠社会多元化格局的形成，它是国家公权力社会化的过程，也是国家之外的集体力量发挥调节作用的体现。❷

---

❶ 史全增：《中国警务辅助人员管理制度研究》，中国人民公安大学出版社2018年版，第31页。
❷ 徐靖：《论法律视阈下社会公权力的内涵、构成及价值》，载《中国法学》2014年第1期。

另一方面，治理法治化。国家治理要根据调和价值的区别来设定具有均衡性的目标，社会法治为其中不可或缺的一部分。法治化是规范化、程序化统合实现政治目标、社会目标的途径，是使民主过程法治化的重要方式。建成法治政府是全面建成小康社会的重要目标之一，而建设法治政府的目标之一是职能科学，以人为本是其基本原则，具体措施包括简政放权、优化公共服务等。从体系上而言，小康社会包括法治政府建设，法治政府建设包括政府职能科学配置，政府职能科学配置包括服务型政府的建立，服务型政府的建立离不开给付行政范围的扩张。因此，发展给付行政是建设小康社会的重要手段，建成法治政府的题中之义，而法治政府的建设既是给付行政发展过程中合法性的要求，也是法治保障。

（三）二元治理路径的任务

第一，建设现代服务型政府。2004年，国务院在《全面推进依法行政实施纲要》中提出建设服务型政府是全面推进依法行政的首要目标，自该目标后，该理念经过不断深化得以发展，建设人民满意的服务型政府、现代服务型政府成为政府执政的重要理念。服务行政是一种理念、精神，体现并传承了现代宪政政府尊重人性、实现民主的价值追求。❶ 建设服务型政府的理论对行政机关提出了更高的要求，从理念和本质上来讲，行政行为或政府监管等是手段，提供服务才是最终目的。服务型政府理论不仅允许刚性、强制性行政行为的存在，也需要作出相应的行政行为这一政府职能来辅助实现提供公共服务的目标。在建设服务型政府理

---

❶ 江必新、刘新少：《服务行政与自由法治之辩》，载《理论与改革》2011年第1期。

念和目标的背景下，政府监管更倾向于社会监管。那么，在共享经济这一领域，行政法治建设的转型主要包括理念和原则内容的重新建构。

第二，增强社会发展活力。在我们现行的行政管理体制下，政府还是管制了太多领域和事项，社会组织管理的范围太小、太窄。应当明确，建设服务型政府与促进公民社会的成长是相辅相成的。只有在服务型政府的背景下，公民社会才能茁壮成长；也只有公民社会成长起来，服务型政府才是完整且能正常运作的。因此，加快发展社会组织、推进政府公权力向社会转移的速度势在必行。

第三，鼓励社会主体自我规制。依据《行政许可法》的精神，要充分发挥公民、法人或其他组织的积极性和主动性。在《国务院关于取消和下放一批行政许可事项的决定》中取消和下放若干行政许可事项，对此而采取的加强事中事后监管措施包括发挥行业组织作用，加强行业自律。鼓励行业组织通过自律、自我规制来管理事项，政府应逐步从这些领域退出，在某些特定领域，可以允许社会组织发挥预防纠纷、化解矛盾的积极作用。国家之所以提倡社会自主规制，主要原因包括以下四点。

（1）提高行政效率。行政效率原则是现代行政法中行政职权运作所必须遵守的重要原则，也是行政行为的本质诉求之一，指行政权力在运行时，力争以最少的人、财、物办更多的事、换取更多的社会效益。尊重行政客观规律，不以牺牲能力、荣誉等非物质消耗来达到目的，或者在同等收益的情况下，尽量减少物质或非物质消耗。❶ 换言之，也是协调相互冲突的利益的途径，通过

---

❶ 胡建淼：《公权力研究——立法权、行政权、司法权》，浙江大学出版社2005年版，第277页。

制度设计保证行政行为效率,保障相对人权利得以及时实现,是提高社会公共利益和福祉的途径。为了保证市场主体的行为秩序,监管部门必须运用必要的行政手段或行政方法,这种以命令、强制形式的行政行为会动用到不同行政部门的力量,并历经多重行政程序,每一个部门的人力、物力资源和每个程序都对应相应的行政成本。此外,行政行为的单方面意志性容易引起社会主体的抵触和抗拒,在这个交涉、法律效果实现的过程中也消耗了一定的行政成本。相反,如果社会组织通过引导、沟通、协商等方式来组织、平衡各方主体的利益达到维护社会秩序的目的,缓解政府部门与市场主体的对抗性、减少摩擦,从而降低行政成本并提高行政效率。

(2) 实现行政民主。随着知识和信息成为社会的"中轴",官僚制赖以生长的土壤也日益遭到侵蚀,民主行政逐渐演变为当代公共行政的核心理念。❶

行政民主主张政府的基本职能是为社会和公民服务,而不是为社会掌舵。重视公民权和公共服务,使相关各方参与到预期目标设定和政策制定、执行的过程中。强调公民直接参与民主行政,形成话语民主和多元共治的治理格局。社会自我规制不仅增强了对市场主体、公民的权利保障力度,同时弱化了行政权力的强制性。社会自我规制意味着社会组织有更多的权力和空间实行自我管理,行政机关充分考虑和尊重相对人的意愿。例如,行政机关在作出行政决策过程中,会通过与社会组织的协商而为行政行为,不仅仅依靠行政主体的单方意志,相反,社会主体通过授权、委托等途径更深入社会活动中,通过社会自我规制的形式,增强了

---

❶ 朱志梅:《柔性执法与社会组织监管机制的创新》,载《河北法学》2014年第2期。

行政民主得以实现的可能性，社会主体和行政相对人也能参与到公共行政之中。

（3）减少行政纠纷。传统行政理念由于强调行政权力的集中统一、法律的强制性而较易产生纠纷。传统国家干预思想将国家干预、政府职能等同于无所不包、无所不能，认为国家权力渗透入社会、生活的每个环节是理所当然之事情。这种干预主义思想会限制市场主体的活动范围、方式、内容等，行政相对人作为被管理的对象而不是权利主体，与激发市场活力、保障相对人权利都是相悖的。没有发挥社会组织的中介、缓冲作用，注重行政权力的运用而忽视权利保护、重事后执法而轻对市场主体的服务、重制裁而轻多元化引导，往往造成政府与公民的对立而增加行政纠纷。社会组织自治强调市场主体的权利诉求和保障，注重发挥社会组织的引导、调和作用，因此可以有效减少行政纠纷。

（4）促进公民社会的成长。建设服务型政府与公民社会成长两者之间从本质上而言，其目标、动力等多方面都是重合的。公民社会的成长与发展是服务型政府建立的重要参考标准；而依靠服务型政府这一背景，公民社会才能茁壮成长。公民社会具有制衡国家的力量，在维护其独立性和自由性的同时避免遭受国家过多的干预和侵害。从积极角度而言，公民社会的发展培养了多元利益集团，奠定了坚实的社会基础，从而影响国家的决策、实现民主决策的目标。从行政法角度而言，促进公民社会成长将带来以下三点变化。其一，行政目的的改变。这也是由上而下的国家因素的改变，为公民、相对人服务是行为的最终目的，即使是通过规制、干预手段来调控社会活动，其最终目的仍然是明确的，就是为社会公众提供更好的服务、带来更多便利。其二，政府服务职能比例更重。这也是由内而外的国家因素的改变，依靠强制、命令等规制行为来调整社会难以促进公民社会的成长,按照粗略的划分方法,政府职能可分为规制职能与服务职能,如果规制职能过多,还是主要以维护公权力和管理社会为目标。相对的,只有增加服务职能才能更好地促进公民社会的成长。其三,行政行为的方式更强调协商性。这是由下而上的社会因素的变化,一方面,如果要实施规制行为,往往采取与相对人协商、合作的方式,强调行政程序的重要性,尽可能采用柔性或轻强制性的行政行为;另一方面,在国家活动领域外,由社会成员自发或自愿进行的创新活动,形成蓬勃向上的社会力量,树立信用、互助的价值观念。

二、共享经济模式二元治理路径的理论与方法

共享经济有其自身的公共性与风险,那么政府应当充当何种角色、政府建设和发展的目标是什么?在目前供给侧结构性改革的背景下,在多种理论与方法的背景下重新认识共享经济的本质。

(一) 现代服务型政府理论

1. 服务型政府与管制型政府的比较

"服务型政府"相对于"管制型政府"而言是一种新型的政府形态和模式。从管理理念这个角度而言,二者存在根本的区别。服务型政府以人为本,以实现人民利益、福祉为宗旨;管制型政府以巩固行政权力为目标,追求统治权的稳定和经济、社会的快速发展,相较而言人民权益或者公众福祉会相对弱化。政府管制的主要特点为对社会经济主体加以限制或约束,从而实现包括经济、社会有序运行在内的目的。社会稳定同时也是权力稳固的一个考量因素。政府作为管制的主体甚至唯一主体,不受其他组织、主体的干涉和影响,起到主导作用同时也是社会资源分配、信息获取与分享、权威辐射的中心。这种自上而下的单向权力运动,

意味着社会中的大多数资源、活动必须受政府调配，按照管制者意志来运行，始终处于可控的范围内。

以人为本的管理理念，是适应知识经济、信息时代的一种基本的管理理念。它主张以激发人的主动性、积极性、创造性而展开，而不是以服从性为目标，来实现人与社会、政府的共同发展。以人为本理念中将人的发展作为管理中最基本的要素，人与环境、政府权力产生一种相互作用，创造良好环境可以促进人和政府的共同发展，与此同时个人、公众的目标可以与政府、社会发展目标相协调，并且成为社会、经济发展的前提。建立在为民兴利和促进社会发展、稳定基础上的理念是由民众来决定的，这种理念的转变既凸显了与管制型理念的差别，也带来了一系列重大转变。

以理念为导向，二者的政府职能也有较大差别。不同时代对于政府应当有什么职能也有不同的观点和主张。当政府充当"守夜人"角色的时候，提倡"管事最少的国家"，国家只限于在保护公民免受暴力侵害、自身权益免遭侵害等范围内行使权力，即主要发挥国家、政府的保护功能。[1] 在此时期，行政相对人的私事不太受到干预，社会的自由程度相对较高，政府职能较少。然而，在经济、社会有着更好转向的同时，公众也要求政府发挥自己的能量服务于公众需要和公民生活，提供公共产品或公共服务反而成了政府不可或缺的职能。管制型政府以规制公民行为、社会、经济活动为主要职能，政府权限不断增加但是行政效率却没有明显提高。服务型政府的基本内容为提供公共服务、公共产品，更关注于自身行为的合法性、合理性、高效性等内容，行政权力是服务于公众、社会的工具，善于利用行政权力来提供公共物品。

---

[1] ［法］莫里斯·奥里乌：《行政法与公法精要》，龚觅等译，辽海出版社、春风文艺出版社1999年版，第4—6页。

我国在对政府职能的建构上也经历过探索时期。政府职能从只注重经济建设到经济调节、市场监管、社会管理和公共服务并重，再到更着重于提供公共服务、社会治理、环境保护等内容。显然，这是一个不断深化认识的过程，并且也是在建设服务型政府的道路上不断取得成就和突破的过程，如通过减少行政审批程序来提高行政效能和公共管理服务质量。2013年，取消和下放省级行政审批等事项140项，2014年，取消和下放89项，2016年取消和下放194项，并取消行政审批中介服务事项25项，组织编制市、县两级政府部门行政权力通用清单。2015年取消、下放、调整省级行政审批等事项达180项。

在管理方式上，二者也有重大区别。同样是为了实现相应的目标，服务型政府倾向于运用指导、协商等柔性手段，更大程度实现公民的参与以及与公民的合作。管制型政府则多运用命令、处罚等强制性、干预性的手段。行政主体享有管理权力，那么为了行使该项权力而运用的手段，然而在行使该职能的过程中，不可避免会出现障碍，此时为保障执法目标实现所运用的方式、手段则是行政管理方式。虽然在服务型政府的建设中也必不可少管制性手段，但是也并不排除使用管制性行为，或者应当表述为管制是实现更好服务的手段，管制和服务都是政府的职能，并且最终目的都是为了实现社会福祉。

服务行政政府在管理方式上具有以服务为目标、服务职能比例重、适用方式特别强调比例原则的特点。服务型政府的最终目的是服务，在选择管理方式上也尽量照顾相对人的感受，以为行政相对人服务为出发点。服务型政府所采用的管理方式多体现公共服务职能，服务比重更大。服务型政府的管理方式特别强调比例原则，能以协商、合作的方式和程序实现行政目的的，尽量不采用高权、高强制性的手段,在效率和服务之间进行平衡,而不是只追求效率而放弃对行政相对人的服务。

2. 全能政府与有限政府的比较

我国全能政府主要是以计划经济体制为背景而形成的。政府处于国民经济运行的核心地位,主要原因是高度统一的计划经济体制。政企不分、政事不分、政社不分的环境下,企业、事业单位都被纳入严格的国家计划之中,政府既是管理者也是执行者,以权力之大、行为之广形成了规模庞大的全能政府。全能型政府也是全能主义特征、全能主义模式的体现,从法律角度而言,全能政府具有行政权力无限性、高权性、集中性,行政动员广泛性的特点,可以概括为行政权力的无限、自我扩张,❶ 政府在一定程度上不由法律控制或者法律控制的程度有限,形成一元全能治理。

作为全能政府的表现包括在国民经济领域、城市单位职能领域和农村生产组织形式领域。在国民经济领域中,政府对经济的控制包括宏观和微观两个方面。整个社会的经济活动、运行状态、经济增长的速度、社会就业率等情况都由政府严格控制,或者说都置于国家的计划中并严格按照计划实行。除了对宏观经济的控制外,微观经济也在国家和政府的控制范围内。生产资料的分配、工厂企业的管理、经营和生产过程,所有生产资料都由政府集中控制,包括劳动力、资金、物资等都实行政府指令性分配,而生产出来的产品也实行调拨而不是由市场需求进行调配。产品总量和销售过程都由政府进行调拨的同时,居民的消费过程也须由政

---

❶ 杨海坤、樊响:《法治政府:一个概念的简明史》,载《法律科学》(西北政法大学学报)2016年第1期,第29页。

府行政部门以指令的形式来控制,如工资级别和标准、福利标准和分配、基本生活资料分配等一切都要通过行政部门统一按照行政指令予以确定。

在城市中,政府、企业等单位的职能不仅是行政、生产意义上的组织,而是承担着对城市职工的行政管理、文化教育和社会保障等社会政治功能。每个单位慢慢演变成一个小社会,职工的衣食住行、生老病死、子女教育等都与单位息息相关,离开单位将难以生存。与生活相关的生活资料、医疗、教育等产品都由单位提供。如住房分配经过单位领导打分、群众评议等程序,按照个人贡献值来决定拟分配房子的面积大小。从这个角度而言,城市中的企业、事业单位、政府部门承担了大量或大多数的社会政治功能,成为提供经济、社会、政治功能的统一体。

在农村中,政府职能是通过人民公社和生产队此种类型的组织形式来实现的。人民公社和生产队相当于城市社会中的单位组织,不仅控制和管理着农村中的生产和经济活动,对村民的管理也是涉及生活的方方面面。不管是在城市还是在农村,在经济还是在社会生活领域,政府通过单位、生产队等组织形式不断渗透行政权力,将公民的经济、生活、文化建设等方面内容都纳入政府的控制和管理之中,造成了这种政事不分、政企不分的局面,从而形成我国特殊时期的全能政府、全能主义模式。从以下三个方面,可以对比出全能型政府与有限型政府之间的区别。

第一,二者在成本与收益方面的比较。从上述分析可以看出,政府发挥全方位作用时,少不了其内部配套的物质系统支持。政府职能扩张、行政权力的不断渗透会直接导致行政管理费用的增加。从政府成本收益结构来分析,行政管理成了不必要的、间接的成本,不合理的、过多过重的间接成本在影响行政效能的同时也增加了政府成本。❶ 我国从 20 世纪 80 年代至 21 世纪初，政府的行政管理开支有所变化，呈现不断增长的趋势，与财政支出相比，有超过其增长速度的迹象。我国近年来的行政管理费用呈递减趋势，城市行政审批服务改革审批人员减少了 75%，大大降低了政府的运行成本，也反映出政府对行政管理经费的控制意识。然而，高成本并未带来高收益。全能型政府在处理政府与市场、社会关系的过程中，易发生"错位"和"越位"。随着生产力的发展，市场这只"看不见的手"也逐渐开始发挥调节作用，这就与政府过多的干预形成冲突和矛盾，出现政府管制失灵的状况，效果反而适得其反。因而，政府行政管理成本增加的同时，带来的收益有限甚至造成亏损。同时，政府在处理社会关系时统包统管的管理方式也会出现政府"错位"。有限的资源、能力没有集中于社会急需而自身又难以提供的产品和服务上，既没有激发出社会活力，也未提供社会满意的公共服务，产生了负面的社会效应。

第二，二者在效率与机制方面的比较。全能型政府事无巨细地管理经济和社会，无所不包、无所不能，但是这种机制不一定发挥了最高效率。一方面，官僚主义带来了效率低下。行政人员的增加、行政机构的膨胀、行政权力的扩张，并不一定会是人多力量大的结果，而是机构之间、办事人员之间的相互推诿、相互扯皮。"九龙治水"、权责不清等因素下形成政府不作为，工作人员出现"踢皮球"、职责不明、失职等多种官僚主义行为。另一方面，权力渗透而资源不足造成了效率低下。由于机构庞杂、事务

---

❶ 根据财政部数据，自 2012 年至 2017 年，中央本级"三公"经费财政拨款支出分别为 74.25 亿元、70.15 亿元、58.8 亿元、53.73 亿元、48.25 亿元和 43.6 亿元。《八项规定出台四年多 中央"三公"经费连年下降》。访问地址：http://www.ccdi.gov.cn/yaowen/201706/t20170624_148000.html，访问时间：2021 年 3 月 21 日。

繁重，一项行政事务并未形成规范等分工与问责，那么其行为规范也得不到具体化，相应的服务能力也会大打折扣。为经济、社会事务提供的运行机制还不健全，各级政府权责不明所形成的"政事不分""官办不分"现象还普遍存在。长期以来政府作为行政事务的唯一主体，基于政府科层体系的供给机制，由于科层体制条块分割的惯性，造成公共事务的供给过程有许多环节，最后造成效率低下。

相反，有限型政府形成的效率和机制却大大提高。有限政府的职能是有限的，确定了政府的职能和权限，必须在特定的范围内活动。从另一个角度而言，意味着政府职能必须市场化。政府不再直接经营竞争性物品和服务，而是回归"划桨"这一工作，集中于制度安排、维护市场秩序、营造市场环境。那么，有限政府实质上追求的就是有效政府或高效政府。有限政府并不是弱化政府责任或者单纯缩减政府规模。有限政府旨在界定政府权力的边界，也就是哪些领域为政府权限范围，哪些领域为市场、社会、公民的治理范围。为了强调政府能力的有限性，因而应当集中能量应用于核心职能。有限政府是实现高效政府的重要途径，或者说由法律控制形成有限政府是形成依法律善治并为人民服务的高效政府的前提。❶

第三，二者在功能与文化方面的比较。全能型政府的首要功能是管控经济和社会，这种功能应当时社会所需而发挥作用，与有限型政府相比而言，政府直接管控经济和社会中的细枝末节。显然，从上文的分析中也可看出，全能型政府在功能与文化方面存在一定的局限性，可以简略概括为权力的滥用。政府的作用跟

---

❶ 王太高：《权力清单："政府法治论"的一个实践》，载《法学论坛》2017年第2期，第13页。

人自身一样是十分有限的，不能指望通过它达到至善境界，伴随全能型政府而来的无限权力容易使政府认为可以为所欲为从而导致一定的灾难。

有限政府的功能可以被比喻为保护个人自由的工具。一方面，减少我们生活中存在的矛盾和纠纷；另一方面，为个人自由、发展创造良好条件，维护正常社会秩序。从功能和文化角度理解，有限政府就是更注重规范行政权力的运行。一方面是约束行政权力恣意妄为，另一方面是防止行政权力不作为。行政权力由法律产生、按照法定程序运行，既要做到公开透明、公平公正、诚实守信，还要有较高的行政效能。在约束行政权力的同时，还要警惕行政权力不作为。政府职责的全面履行必须依托于行政权力的行使，如果行政权力不作为，政府的职责就得不到全面履行。

3. 服务型政府与有限政府之间的统一

"服务型政府"与"有限政府"本质是统一的：仅从字面上理解，服务型政府即为人民服务的政府，而政府机构开支的主要财政来源是税收，那么为了减少财政支出则应精简机构、转变职能。除此之外，不干预、少干预人民的私人生活和自由也是服务于民的体现。从以上两个角度而言，"服务型政府"与"有限政府"本质上是统一的。但是如果我们对"服务型政府"缺乏正确认识，认为"服务型政府"即"大包大揽政府"，是照顾我们从出生到坟墓的唯一提供者，不允许民间力量染指，那么这实际上是过多地干涉社会经济、与民争利，而不是建设服务型政府。

政府放手民间力量去承担更多的社会事务、公共服务不仅必要而且可行。在民间有意愿和能力的背景下，于多方而言都是有益的探索。我国的历史经验也说明，政府部门管了很多不该管、管不好、管不了的事。政府应发挥充分的补足作用，即民间力量有限而难以完成相应事务时才由政府直接提供。首先应当从转变理念,也就是一切从人民的利益出发。由民间力量提供公共服务,这既是破除政府垄断资源的行为,也是不干预、不插手人民自由的行为。当然,也并不是意味着政府能完全放弃提供公共服务的责任和义务,在提供公共服务的过程中,政府的作用表现为指导、监管等。如对于公益类事业,可以进行适当资助以推动其发展;对于政府已无范围内的事业,则应尽可能地降低成本。服务型政府应当在这个层面与有限性政府达成统一,也就是对服务型政府加以限制,否则服务型政府必然会异化。

（二）给付行政法治论

给付行政的起源与流变和权利基础的价值指引密切相关。给付行政的发展经历了对生存权的保障、超越生存照顾权的给付以及共享权背景下的给付行政,由此形成了所谓一般的给付行政理念。英国在中世纪建立起的"济贫"制度是现代意义的社会保障制度起源之一,英格兰的济贫法可以追溯到伊丽莎白一世统治时代的第 43 年,目的是维护社会安全及统治稳定。立法者认识到贫困问题不仅是个人问题,还是涉及社会影响的问题,从这个角度而言济贫则是国家和社会的任务,那么《英格兰济贫法》的颁布和实施在当时就具有重要意义。国家不再置身事外,而是需要去慈善化地参与其中,提高济贫的稳定性与普遍性。[1] 我国唐宋时期慈善事业较为发达,针对老弱、疾病、孤幼等群体进行了救助,包括设置居养院、安济坊、慈幼局、漏泽园等机构,当时的执政理念认为慈善既是道德的践行,也是国家制度的自我完善。[2] 可

---

[1] 葛先园:《社会国原则研究》,中国政法大学出版社 2014 年版,第 27 页。
[2] 王卫平:《唐宋时期慈善事业概说》,载《史学月刊》2000 年第 3 期。

见，旧时针对人民的保障仅限于对特殊群体生存的维持，减少贫困、疾病给社会带来的灾难，这是对生存权的保障以维持社会的稳定。日本学者将生存权描述为生活中的贫困者和失业者。他们是生活中具体的个人和需要这样具体性、个别性帮助的群体，生存权是其他社会权利的基础，如果生存权没有得以保障，那么其他社会权利也都是空谈。❶

超越生存照顾的给付行政是给付行政理论的另一个发展阶段。19世纪德国法治国观念的萌芽及兴起，讲求国家任务的有限性和法律规范的"制式性"，强调国家权力不再基于"唯心论"，当行政权力约束人民之自由权利时应当在形式的法规之内。但是在德国学者福斯多夫论著的影响下，也是从第二次世界大战后国家职能发生了重大转变。国家任务包括积极提供人们生活所需物质，满足人们生活所需的服务和照顾，给付行政概念得以提倡和发展。在给付行政概念发展的过程中，其种类、实现方式等内容都有所改变，这与其所要保障的权利息息相关。

进入现代社会，政府职能逐渐扩张，但是基本方向仍然是保持"全能政府"向"有限政府"的转向。给付行政经历了长期的发展，呈现出了给付行政任务全面扩张的趋势，不再局限于对人民的生存照顾。在党的十九大以前，我国的社会矛盾主要是人民日益增长的物质文化需要同落后生产力之间的矛盾，党的十九大后则转变为需求与发展之间不平衡、不充分的矛盾。也就是说给付行政的供给和分配从总量问题侧重到结构性问题。在增加公共产品和公共服务供给的同时，注重给付的内部结构性调整和逻辑

---

❶ ［日］大须贺明：《生存权论》，林浩译，法律出版社2001年版，第16页。"以生存权为首的各种社会权的权利主体，指生活中的贫困者和失业者，是存在于现实生活中的个别的、具体的人，即带有具体性、个别性这样属性的'个人'"。

关系的科学。相比传统的给付行政任务，全面扩张的给付行政任务内容更为充实。除了社会保障、公共设施供给及行政资助外，还细化了诸如优良生态环境的提供、安全风险的控制及民主法治社会的建设等内容，这是给付行政的均衡性、全面性、可持续性的表现。以上给付行政任务又可以归类为直接或间接的给付行政。间接给付行政与干预行政存在一定关系，使干预与给付存在多方交错契合的关系。❶

给付行政的内涵需要适合社会发展变革的需要，除了应当超越"生存照顾"内涵的领域和疆界，还应被赋予时代的内涵和特征。而现代社会矛盾和政府职能的转变也为给付行政的发展提供了契机，现代给付行政中的共享权既是给付行政发展的结果，也是价值指引和精神概括。同样地，共享权在时代变革、社会发展以及给付行政法治理念进步等多重因素影响下，在提出的同时就被赋予了富于中国特色的、时代特色的内涵。

显见，在共享经济的背景下，当下社会中的个体既是权利的享有者，也是共享权的提供者。在共享经济背景下，政府以提供公共服务和满足公众需求为主要功能，发挥提供人民给付、服务为主要功能的行政行为方式和作用。与传统给付行政相比，形成了给付行政的时代性特征。实现给付行政任务的资源类型包括国家资源、城市资源以及个人资源，可以打破资源垄断与行政区划，政府牵头发展共享经济并统筹资源，也有学者称为"可转让的共享权"。❷ 因此，现代给付行政法治理念是以保障和实现共享权为

---

❶ 陈敏：《行政法总论》（第八版），新学林出版股份有限公司2013年版，第15页。四种交错适用可能性：以干涉配合给付、统一措施兼具干涉及给付、给付及干涉之交替、给付及干涉之并用。

❷ Stephen R. Miller, First Principles for Regulating the Sharing Economy, 53 Harv. J. on Legis. 147 (2016).

目的,以国家资源、社会资源及个人资源等分配为保障,实现资源的共同分享和公平分配。

(三) 行政行为形式论

公私协力行为是行为主体、行为方式社会化的表现形式、是完成现代行政任务的重要力量,合作国家观念的确立也是建成给付国家的重要理论指导。以公私协作方式实现国家行政任务为目标,改变了行政法体系中的许多内容。行政任务交由私人执行,行政机关由亲自履行主体变为间接履行主体,行政主体承担了介入、影响、监控、担保的责任。与此同时,政府职能也发生了转变,转而承担更多的公共服务职能。政府职能转变、国家角色变化形成以担保行政为中心的行政法体系变革。在这一过程中将公共行政权力赋予个人从而形成了复杂的法律关系。在公私协作中形成的双阶段关系,我国台湾地区所谓的"政府采购法"或"促进民间参与公共建设法"中有若干规定对公私协力中的双阶段行为的关联性作出安排,但是现行规范对于双阶段理论是否能用于法律关系中仍未明晰,因此在实践中,公私协作中的法律关系、彼此之间的效力也未清晰。❶ 而其中用于解释该行为的理论多为双阶理论。

双阶理论形成的背景为国家与社会的分立、公法与私法的泾渭分明,公民与国家处于不对等的关系,公法成为强制公权力实施的法律,私法是保护并实现公民意思自治的法律。❷ 随着给付行政的发展和福利国家的兴起,公权力行为不再局限于对公民自由权的限制,在保障其生活和给予福利过程中,出现了国家以私法

---

❶ 程明修:《公私协力法律关系之双阶段争讼困境》,载《行政法学研究》2015 年第 1 期。

❷ 严益州:《德国行政法上的双阶理论》,载《环球法律评论》2015 年第 1 期。

行为形式完成行政任务的现象，于是担忧国家逃脱依法行政原则而置人民权益于岌岌可危的状态。双阶理论是对上述担忧的回答，作出行政处分为第一阶段，该阶段适用公法；如何落实该行政处分为第二阶段，适用私法。如今适用该理论的背景与当时有所差异。学界至今对公私法区分标准缺乏统一见解，新行政法学的思维强调"正确行政"、最优行政、社会主体多元化、公共行政丰富化、行政行为方式多样化、行政法的三元结构、行政法基本理念的变迁等要素，❶ 双阶理论又成为公私法交融的阶梯以及行政灵活性的理论支持。

以政府购买公共服务中的委托行为为例，行政机关的"业务委托"，也就是不涉及公权力的行政业务委托。此类委托的特点为行政机关依旧保持决策的影响力和直接决策，但是民间成为服务的直接提供者。此类不涉及公权力行使或者权力行使密度较低的业务委托，私人在其中的角色相当于完成行政任务的辅助或助手，在完成任务过程中并不能依个人独立的意志作决定，而是取决于行政机关的意思表示。如公私合作模式中的服务外包或者管理外包，政府委托私人主体维修设备或者打扫卫生，或者代为管理公共设施，再支付一定的委托费用。根据《城市轨道交通运营管理规定》，城市交通运输主管部门负责监督管理，被委托的运营单位则负责保证运营基础、提供运营服务。将该委托行为分为两个阶段，以作出行政决定为节点，在行政决定作出之前的行为为行政行为，之后因行政决定而形成的协议可以是民事合同或行政协议。

双阶理论在应用和发展的过程中也表现出了一定的不足，其中争议较多的即双阶理论将统一的生活关系和行为过程分割为两

---

❶ 江必新、邵长茂：《社会治理新模式与行政法的第三形态》，载《法学研究》2010年第6期。

个法律关系。行政行为并不是一个孤立、静态的事物，如果把它当作一个综合性的"过程"来看，当选用不同类型的行政行为时即形成相应的具有流程的过程，即"程序的连锁或行为的连环"。❶那么，行政行为则应当被视为一个整体的过程，其中的程序和环节互不可分，并且是完整的行政行为的必要组成部分。而双阶理论将完整的行政行为过程或法律关系人为界分为两个阶段或两个法律关系，可能出现第一阶段和第二阶段界限不清晰、法律关系不完整的情况。也就是说即使将一个法律关系划分为两个阶段，前一阶段中的权利义务多少会影响下一阶段的法律关系，将内在紧密联系的事物强制性分为两种性质在逻辑上是难以自洽的。❷

公私协力是放任市场力量的体现，在完成给付行政任务的同时也发挥着改进市场失灵并实现社会公平正义的积极作用。但是现代行政法要发挥衡平作用，即不极端地保护私人权利，同时又要让行政权有效行使并保障公共利益。行政决策的作出在一定程度上本身就是一个风险极高的活动。公私协力行为也从实践中反映出公私法对立现象的缓和以及行政法的多功能主义。从这两个角度而言，公私协力既进一步弱化了公私法对立状况，缩小了公权力行使主体的局限性，权力主体与权利主体的统一性，让公民更好地利用权力来保护自身权利。从而，减少生活关系被分解为两个法律关系的突兀，并从"行政正确原则"角度增强双阶理论的正当性，实现公共利益最大化，这既是对公民权益的保护，也是更好处理政府采购中公权力特征与市场交易特征的关系，以实

---

❶ 江利红：《行政过程论研究：行政法学理论的变革与重构》，中国政法大学出版社 2012 年版，第 213 页。
❷ 欧阳君君：《自然资源特许使用协议的性质认定——基于对双阶理论的批判性分析》，载《中国地质大学学报》（社会科学版）2015 年第 4 期。

现公益性再分配、集体愿望和抱负等公共利益,通过提供信息或机会来矫正那些业已迁就了不公平的,或本来就应该予以反对的现状的偏好或信念。❶ 公权力特征和市场经济特征有明显差别,但是也存在互动、融合的情况,也就是国家力量与社会力量的互动。国家和社会力量在彼此之间的互动中不断得到提升。改革开放政策、市场经济、全球化、资本主义和阶级分化都是政权变革的孕育力量,加上现代信息技术,是政治变革的重要动力。❷ 国家、社会力量的互动,公共权力与私人权力的分配、公法与私法的融合,都给双阶理论提供了正当性的论证以及理论完善的方向。

社会行政的应运而生减轻了行政主体繁重的给付行政任务,但是也出现了行政行为形式选择自由的问题。在以行政行为为中心形成的行政法和行政诉讼法体系中,行政行为理论是该理论体系的核心。行政行为类型化是法学研究的基本方法之一,通过设定的标准将繁杂的行政行为进行概括、分类,以便更清晰地理解其机制、程序及法律控制手段。❸ 实务中的若干行政活动,如行政资助、行政协议、行政计划,这些手段虽未被明确形式化,但是却广泛运用于给付行政活动中并产生一定的法律效果。因此,现代公共行政,为实现给付行政目的,提高行政效率,往往选择适当的行政行为手段,突破了行政行为形式理论体系的分类、公法与私法体系的区别,也称为"形式选择自由"。❹

---

❶ [美] 凯斯·R. 桑斯坦:《权利革命之后:重塑规制国》,钟瑞华译,中国人民大学出版社 2008 年版,第 51 页。
❷ 郑永年:《技术赋权:中国的互联网、国家与社会》,邱道隆译,东方出版社 2014 年版,第 187 页。
❸ 章志远:《新〈行政诉讼法〉实施对行政行为理论的发展》,载《政治与法律》2016 年第 1 期。
❹ 林明锵:《论型式化之行政行为与未型式化之行政行为》,载《当代公法理论——翁岳生教授祝寿论文集》,月旦出版公司 1993 年版,第 355 页。

行政主体是否有行政行为形式选择权，理论中也存在肯定说与否定说。有见解认为，行政主体对于选择公法还是私法进行行政活动有自由决定的空间。❶ 如果在公法内没有适当的行政行为形式可供选择，那么为达到给付行政的目的时，在法律允许的框架内，在事实合理的范围内可以采取私法组织或行为形式。❷ 德国学理中也认可公法人有行为形式选择的自由，为了避免无法完成行政任务而给予行政主体更大的自主空间。德国帝国法院时期，公法社团在执行任务时，可以采用私法交易的形式，若没有违反相关法律规定，该行为可以适用私法规范进行调整。德国后期在给付行政领域的裁判中也明确指出可以在公法与私法中选择行为形式。

但是也有观点否定行政主体的行为形式选择自由。行政权力受法律规范，创设公法的重要目的为规范行政权力的行使。其中包括规范权力主体、权利、义务、请求权等内容。倘若允许行政主体对行政行为形式进行自由选择，这无异于跳过法律规范，规避当初为规范行政权力行使所设定的框架和限制，也会影响诉讼途径的选择，从而影响相对人的权益。❸

（四）合作治理论

我国全面深化改革正处于攻坚时期，公共行政的范围不断扩展，社会难题层出不穷，与有限的行政资源之间形成难以对应的张力。❹ 平衡社会利益有多种途径，可以社会利益与个人利益的关

---

❶ 李建良等：《行政法入门》，元照出版公司 2004 年版，第 207 页。
❷ 陈敏：《行政法总论》，新学林出版有限公司 2011 年版，第 656 页。
❸ 张一雄：《论行政行为形式选择裁量及其界限——以公私合规为视角》，载《行政法学研究》2014 年第 1 期。
❹ 马迅：《疫情防控中网络谣言治理模式的精细化转型》，载《法律方法》2020 年第 2 期，第 404 页。

系、经济发展与社会福利的增进、经济效率与社会公平以及政府如何在社会福利增进中发挥积极作用等几方面来探讨社会利益的最大化。❶

从高权行政向合意行政的转向。一般行政程序的设计与发展是立足于法治国背景之下,其价值导向以权利保障和权力控制为主,并且更倾向于权力控制。如美国宪法修正案第五条和第十四条中规定了正当程序的作用,其中强调了国家机关行为的消极规定,即未经法定程序不得行使的行为,并且也对公民的生命权、自由权利及财产权进行了肯定。同时,美国联邦法院及最高法院的判例也扩大了权利范围。自由权利包括从事职业、获取知识、婚姻等方面。财产权包括可以从政府获得的福利、平等教育。1994年实施的《日本行政程序法》规定的行为包括处分及指导行为。❷可见,英美法系、大陆法系中的行政程序都关注权力控制及对相对人权利的保障。作为社会国观念下给付行政程序偏向于建立"平权"的方式。一方面,授益性行政行为一般不必通过命令、强制等高权性程序推进。相对人通过申请、行政主体依职权向相对人给付,不仅权力性降低,且行为方式较为自由,如可以选择指导、协议等方式。另一方面,实施给付行为是体现双方合意的过程。给付行政过程中会有信息提供、双方协商交流、形成合意。无论从参与程度还是决策方式上看都充分体现了双方合意。

从封闭行政向信息行政的转变。在给付行政行为中,行政主体不仅是行政行为的决策者、实施者,也是给付信息的提供者。

---

❶ 费梅苹:《社会保障概论》(第四版),华东理工大学出版社2011年版,第17页。
❷ 胡建淼主编:《论公法原则》,浙江大学出版社2005年版,第425页。1994年实施的《日本行政程序法》规定的行为包括对申请的处分、不利处分及行政指导等,实现的目的为"确保行政运营中的公正,提高其透明性以易于保障国民的权益"的目的。

一定程度上，相对人获取的给付内容取决于行政主体提供信息的准确性、完整性、及时性，那么，行政决策作出前的程序就显得更为重要。原有的行政关系以行政权和管理为中心，由此衍生形成以对抗为特征的关系结构。然而若转变以相对人和对相对人提供服务为中心，那么关系结构也会随之改变，并表现出合作性的特征。❶ 根据《社会救助暂行办法》中的规定，政府应当按照当地居民生活状态和条件确定、公布最低生活保障标准，也就是该信息以书面形式准确向公众传达，做到了公开性、民主性。信息提供和支持在一定程度上解决了信息不对称问题，公民的权利义务能够对等，并且对信息的掌握拥有主动性后其行为的自主性也得以增加，从而更主动、灵活地参加到实践中。❷ 因而，打破信息不对称从信息层面实现平衡，也奠定了最终利益平衡的基础。

目前社会转型时期面临的问题包括国家财富和利益控制在特权阶级手中、中产阶级发展困难和缓慢、两极分化越发严重等，避免因经济结构失衡、制度政策缺陷而带来新矛盾成为当务之急。发展中国家在实现现代化进程中，如果只注重经济进步而不匹配相应的制度和文化，那么可能出现收入分配严重不公、社会治安状况恶化、生态环境严重破坏等现象。"中间道路理论"是福利观点的一种，倡导政府参与下福利经济的多样化，即一种混合的福利经济。❸ 在福利领域，国家不是唯一的供给主体，社会甚至个人都应当担负起共同的供给责任，因而国家应仅发挥主导作用。国家主要对最需要帮助的，需要保障生存权、发展权实现的群体公

---

❶ 朱新力、吴欢：《"互联网+"时代法治政府建设畅想》，载《国家行政学院学报》2016年第2期。
❷ 李图强：《现代公共行政中的公民参与》，经济管理出版社2004年版，第125页。
❸ 周秋光、王猛等：《中国农村社会保障的理论与实践》，中国社会出版社2011年版，第12页。

共服务。与此同时,更需要社会、私人力量的加入,这也正是实现"福利国家"向"社会投资国家"转变的重要一步,多主体的参与既能减轻政府责任,也实现公共服务的多样化与个性化。国家与社会的合作不仅将刺激经济增长和保持社会公平有效结合,避免陷入拉美陷阱,也符合中间道路的理论,强调国家、社会、个人三者的作用。

给付行政程序在国家、社会、个人之间架起沟通的桥梁,使它们实现有效沟通。如果说一般行政程序的主要任务是控制行政权力,那么程序制度的设计则更倾向于权力控制、保护相对人利益,但是缺乏双方沟通的过程。如一般行政程序中行政许可行为的作出包括申请、审核、通知等程序。但是给付行政程序中的调查、走访、听证等程序形成双方信息互换,能清晰了解相对人的困难之处或燃眉之需,从个性化需求、精准度上协调经济增长与社会公平之间的关系。给付行政程序法是一般行政程序与部门行政程序的融合,既满足了新类型行政行为缓解社会新矛盾的需要,也能有效实现合作行政。

三、共享经济模式二元治理路径的改革要点

共享经济带来的挑战和变革不是简单的个案或一时的风潮,政府部门应当意识到这不是"一刀切"或任由放纵所能解决的问题。在互联网时代,这些"类现象""新常态"考验着执政者认真分析与探索的能力,对此现象所持有的应对策略与制度安排应当及时更新。而对共享经济应兼具监管与保障的态度,且在上述理论基础的引导下应当从理念与原则、主体与责任、行为与规范三个方面进行综合监管与保障。

(一) 理念与原则的更新

为了给共享经济的发展提供行政法治保障，理念和原则的更新既是逻辑起点也是客观要求。国务院 2019 年发布的《关于加强和规范事中事后监管的指导意见》中指出，监管格局面临进一步改变，为形成协同监管局面，应当在各方面进行改变，而监管原则就是其中之一。显见，在制度变革中，理念和原则充当指导思想的角色，如果理念和原则不进行更新，那么行为选择和体系建构将难以进行质的创新。因此，理念和原则的更新成了必然选择。

行政主体与相对人从对立走向合作。在目前的行政法律关系中，行政主体充当管理、干预的角色，而应从理念转换着手将此角色转换为服务者、协助者，行为关系上更类似于"顾客"与"提供者"的关系，强调对"顾客"负责，以"顾客"为导向，并以其体验感最佳为重要目标。如应当兼顾公平与效能的实现。干预型政府更关注对市场的监管和秩序的维护以促进经济的发展，在此阶段部分公民的利益或者公民的部分利益是难以得到兼顾的，在一定程度上个人利益让渡给了经济利益，社会公正、法律正义的实现程度有限。尽管行政机关在行使行政权力的同时也会受到法律法规对其权力的控制和规范，但仅以不侵害相对人利益为目标，未以实现相对人利益为任务。

从对平台的干预到监管与保障并重。目前社会转型时期面临的问题包括国家财富和利益控制在特权阶级手中、中产阶级发展困难和缓慢、两极分化愈发严重等，避免因经济结构失衡、制度政策缺陷带来新矛盾成为当务之急。发展中国家在实现现代化进程中，如果只注重经济进步而不匹配相应的制度和文化文明，那么可能出现收入分配严重不公、社会治安状况恶化、生态环境遭受严重破坏等现象。"中间道路理论"是福利观点的一种，表现为多样化的福利形式,也可称为混合的福利经济。❶ 国家在福利领域应当承担主导作用,福利提供的责任应当由国家、社会、个人共同承担。三者责任的分配中,国家主要提供基础的、主要的、有限的服务,社会和个人承担发展性、辅助性的福利补充责任。国家与社会的合作不仅将刺激经济增长和保持社会公平有效结合,避免陷入拉美陷阱,也符合中间道路的理论,强调国家、社会、个人三者的作用。

(二) 主体与责任的制度构建

共享经济的科技属性与公共属性让我们寻求多主体的合作。随着新兴行业和新生事物的出现,以规制行政的方式来应对已捉襟见肘,对这一现象的思考,不能只停留在如何规制的层面了。新事物不断打破垄断壁垒,其中有大量问题未能思考清楚就要作出判断和行为决定。如对于该事物是促进还是规制的态度,对该事物的创新和造成的无序的判断标准是否确定,而这其中的价值衡量问题更是复杂,其过程也更为漫长。从行政法角度来说,应当充分利用新事物的积极的一面来协助完成行政任务,提供更为完善的公共服务,并转变政府的公共服务职能。而在鼓励新兴行业的发展打破垄断的同时也应防范风险,借助行政权力的调控作用,配合行政主体做好其中的价值衡量来发挥新事物的积极作用。因而,多中心思维指引行为主体,行为方式也应多样化。

在共享经济这一模式中,相较于监管者,企业具有一定的特殊性与优势。如企业具有信息化的优势,对于产品本身,他们比监管者更为了解,虽然这种信息不对称本就是规制的出发点,但

---

❶ 周秋光、王猛等:《中国农村社会保障的理论与实践》,中国社会出版社2011年版,第12页。

也是出现监管捕获的原因。特别是在高科技领域，监管者常常需要依赖于企业的专业知识和经验输出，才能与企业处于同一个空间进行平等对话。❶ 如果说从前行政机关与企业之间是监管者与被监管者的关系，那么在共享经济到来的时代，企业除了是被监管的对象之外，更多的是以合作的角色存在。它代表着智慧社会的到来、建设过程中民间力量的诉求和崛起，行政机关与企业的合作既是民间力量诉求的结果，也是行政机关对民间力量有所需求的表现。

平台通过这种自我赋权或行政机关下放公权力的方式而获得一定权力，那么权力与责任的构建就是并行的。在共享经济这一形式中，利益是多元的，除了要平衡行政机关与平台之间的权力之外，还要保障公众的利益及参与性。公众参与到共享经济这一形式中来，虽然网络技术的进步缓解了信息不对称，或者说是打破了这种信息不平衡，让市场交易主体双方的位置发生了根本性转变并向消费者倾斜，但是带来的风险也是不可忽视的。如如何加强对消费者的信息安全权、隐私权、生命权等权利的保障，那么在这种权力转变、权益内容变化的背景下行政机关与平台的责任建构同样需要进行革新。

（三）行为与模式的规范体系

行政行为概念是行政法学中最基本、最核心的概念。❷ 传统行政法学以民法学中的法律行为概念为模版，构建了行政法学中的行政行为概念。在我国，行政行为概念不仅是行政法学上的学术

---

❶ Christopher Koopman, Matthew Mitchell & Adam Thierer, The Sharing Economy and Consumer Protection Regulation: The Case for Policy Change, 8 J. Bus. Entrepreneurship & L. 529 (2015).

❷ 江利红：《行政法学》，中国政法大学出版社2014年版，第159页。

概念，也是实定法上的法律用语。但随着现代行政活动的多样化，行为形式包括权力性与非权力性，行政行为的内涵、法律关系、权利救济等内容都会受到影响，行政行为处于行政法学理论与实践中的重要位置。学者指出：社会治理应当充分发挥民间组织的作用以实现"多中心治理"。❶ 多中心包括行为主体、行政行为方式的多元化，公共服务提供的社会化、多元化既是多中心理论的要求，也是多中心理论指导的实践结果。因此，在对共享经济提供制度保障的过程中行为主体的多元化是重要的制度变革。

建立行政国家的一个主要目的就是赋予政府有效干预社会和经济的工具。❷ 如果没有政府维持秩序，实施法规和保障财产，包容性制度不可能出现。而多元主义是包容性政治制度的基础，这不仅要求政府的包容性，更对该国家公权力构成提出要求，即提倡将权力赋予社会，形成政治权力的多元化。❸ 通过释放工作人员的创造力和能量，政府机构可以越来越节约成本、提高效率，并能够保持自我改革的趋势。由于拥有数量较少的中层管理人员，因此较之传统的等级分明的机构体系，会显得"扁平"一些。倾向于体现经济的原则，只保留基本水平，并允许私营部门来完成其他的职能。

在为共享经济提供制度保障过程中，应当契合政府职能的转变。政府职能是国家职能在行政领域的展现和延伸，也是政府参与公共事务的起点。政府职能是指国家机关提供公共产品和公共

---

❶ [美] 埃莉诺·奥斯特罗姆：《公共事务的治理之道：集体行动制度的演进》，余逊达等译，上海译文出版社2012年版，第163页。
❷ [美] 罗森布鲁姆、奥利里：《公共管理与法律》（第二版），张梦中等译，中山大学出版社2007年版，第29页。
❸ [美] 德隆·阿西莫格鲁、詹姆斯·A. 罗宾逊：《国家为什么会失败》，李增刚译，湖南科学技术出版社2015年版，第332页。

服务的程序、方式、模式等,❶ 这既是政府职能的本质,也是政府能维持其稳定性的重要基础。政府公共服务职能的转变与定位是市场经济体制下的政府职能总体定位,也是实现人民权利的重要途径。公共服务职能范围较广,从城乡公共社会到发展文化等公共事业,保障公民能够自由、充分地参与到社会经济、文化等活动中。同样地,为共享经济提供制度保障既是政府职能转变的体现,也是促进共享经济发展的行政法治保障。

---

❶ 石佑启等:《论行政体制改革与行政法治》,北京大学出版社2009年版,第156页。

CHAPTER 03 >>

第三章
共享经济对行政法治理模式的影响

"治理"主要意味着政府分权和社会自治,与此同时治理又包括政府治理和社会治理。政府治理强调政府作为治理主体,与治理对象、内容主要呈现管理的状态。❶ 社会治理的核心问题是解决国家与私人之间监管和惩罚成本的问题,在使平台合法化的基础上促成公私合作进行社会治理。❷ 由于共享经济有其公共性、价值与风险,从价值取向分析的角度而言,应对其作正、反两方面的分析。那么,从行政法的角度而言,则是从干预行政和给付行政、政府的监管职能和公共服务职能两个面向对其进行分析。不管是在政府治理还是社会治理的内涵下,治理能涵盖共享经济的多重面向。

---

❶ 王浦劬:《国家治理、政府治理和社会治理的含义及其相互关系》,载《国家行政学院学报》2014年第3期,第12页。
❷ 唐清利:《公权与私权共治的法律机制》,载《中国社会科学》2016年第11期,第111页。

第一节 共享经济对政府监管的影响

监管是一个呈放射状的概念。❶ 对监管概念的理解和定位需要综合监管领域、监管背景等不同理念、维度要素。如根据《法治政府建设实施纲要》(2015—2020年)其中强调应当依法全面履行并转变政府职能。其中包括加强市场监管，强调市场监管职能的同时也要进一步落实"放管服"并优化制度和服务体系。因而，在优化政府市场监管职能的背景和目标下，对共享经济的政府监管是互为影响的两个事物。

一、监管对象的变化

现代化建设的高歌猛进、科技网络技术的日新月异以及人民需求的多样化等因素促使网约车的发展如火如荼，对网约车的监管也应运而生。然而，网约车的监管体系也同样需要回应不同时代背景所提出的要求。

网约车平台是创新市场交易关系的重要因素，正是因为平台这一中介的出现和发挥作用而改变了多方关系。以平台为中心所形成的网约车平台的性质、作用以及对传统市场的冲击等内容塑造了该商业模式特点与需求。一方面，网约车平台可称为数字中介，并处于"大数据革命"的最前沿。网约车平台的内部关系可以用一个词加以概括：数据。数据集变得越来越多且不断变动，通过收集数据、分析数据形成预测和应用系统。平台相应产品进

---

❶ 马英娟：《监管的概念：国际视野与中国话语》，载《浙江学刊》2018年第4期。

行检查、评估甚至预测、自我规制。如传统出租车行业对车辆状况进行评估需检查轮胎、测试仪器，但是对网约车车辆的检查可以落实到具体的数据上，决策将越来越多地基于数据和分析，而不是基于经验和直觉。相较于传统的实体中介，平台可以称为数字中介；而相较于传统的数字中介如"淘宝网"，网约车平台中介又利用数据发挥积极促成作用。

另一方面，消费者用户的行为形成了个别交易关系的中间和主要内容。尽管平台负责创建、发布信息并积极促进交易的形成，但是消费者在形成针对其个人的个别交易关系中，生成了中间的和主要的交易内容信息。本质上平台的性质为数字中介，而交易关系的最终形成还是依赖于双方的要约和承诺。消费者输入目的地并可以选择车辆档次、类型，经平台派单后达成合意形成交易关系。消费者的行为发生在平台开发信息之后和向平台支付款项之前，并且个别关系的特殊性也取决于此。因而，消费者用户的中间行为决定了交易关系的形成和特殊性。

二、监管组织形式的变化

虽然网约车平台充当数字中介的角色并且是消费者用户的行为生成了交易关系的主要内容，但是并不代表在社会、经济创新的领域就可以在虚拟的网络空间创建一个没有规范的无主之地（no-man's-land）。[1] 从面向社会公众而言，从规范市场秩序、保障公共利益的角度而言，行政部门还是应当行使监管职能。然而共享经济这一新现象在大多数现有监管计划之外[2]，并且网约车的

---

[1] Fair Hous. Council of San Fernando Valley v. Roommates. Com, LLC, 521 F. 3d 1157 (9th Cir. 2008).

[2] Roberta A Kaplan & Michael L. Nadler, Airbnb. A Case Study in Occupancy Regulation and Taxation, 82 U. CHI. L. REV. DIALOGUE 103, 104 (2015).

高技术性也破坏了法治透明度。❶ 行政机关的监管能力面临情况复杂性和调和法律的难度增加，政府的监管体系也变得越来越复杂。❷ 在监管空白、监管能力受限的情况下影响政府监管职能的定位和发挥。

另外，雪上加霜的是在政府的监管能力有限的同时却对其服务能力增强提出了要求。正如上文所阐释的政策红利所贯彻的包容审慎、简政放权原则要求政府履行职能。如《优化营商环境条例》中所规定的，更大程度地激发市场活力和社会创造力、增强发展动力是目的，提升政务服务能力和水平是方向，而政府对市场活动的干预也不是必要手段。因而，应当鼓励创新，对新技术、新产业、新业态、新模式实行包容审慎监管。从面向商事主体而言，希望政府有更强的公共服务能力以获得更为健康、便利和宽容的营商环境。是以，应当对网约车持何种态度、原则和方式，如何优化监管结构来抗衡监管创新和政府职能转变的挑战以及监管体系普适性理论与网约车监管体系特殊性的拉扯。

三、监管方式的变化

其一，调整网约车的现有方法。（1）使用禁止性规定。如自2015年起锦州市政府严禁私家车通过相关网约车软件、平台来从事非法营运活动，其他城市诸如对司机户籍、车辆轴距等方面的限制更是不在少数。❸（2）使用定义。何为网约车、何为共享经

---

❶ Cintrone v. Hertz Truck Leasing & Rental Serv., 212 A. 2d 769 (N. J. 1965).
❷ Brandon L. Garrett, Too Big to Jail: How Prosecutors Compromise with Corporations. 172 (2014).
❸ 《国务院强调"新型监管"，能为锦州带来网约车吗?》，访问地址：https://baijiahao.baidu.com/s?id=1641471714378514271&wfr=spider&for=pc，访问日期：2020 年 8 月 19 日。

济、何为新事物等这些概念将对相对人的行为定性产生重大影响。网约车之所以能打破垄断壁垒且适用"法无禁止即可为"原则的基础就是因为其为新事物。《网约车办法》中对网约车进行了界定。一方面使网约车摆脱了非法身份，另一方面也重新界定了范围和标准。（3）使用行政许可限制。网约车平台公司须申请从事网约车经营，网约车车辆和驾驶员同样需要经申请获取相应的行政许可。行政部门对准入标准、市场数量等内容都以许可的方式进行限制。（4）使用行政执法。行政机关不管是适用《网约车办法》还是地方性法规来监管网约车，其执法权限包括使用行政强制、行政处罚，处罚金额从数千元到三万元。

其二，政策红利和监管套利之间的关系。诚然调整网约车的方法中不乏消极、严苛的规定，但是从中央到地方层面而言还是对其持以宽容、鼓励的态度，并形成一定的政策红利。为实现引导和规范共享经济健康良性发展、在共享经济领域培育新增长点、促进共享经济更好更快发展的目的，政府实施分类细化管理、释放取消或放宽准入条件限制等政策红利。传统出租车行业为对市场冲击作出回应而进入新兴的产业形态中，则易出现监管套利（regulatory arbitrage）。❶ 传统行业对共享经济进行投资或者以此模型为参照进行重组，获得相应的政策红利正是其行为的主要战略目标，这种持续的市场转移则带来偶然套利。如企业购置一批汽车用于提供网约车服务，虽然看起来与网约车经营活动形式一样，但其实质已不是点对点（peer-to-peer）活动。❷

---

❶ Molly Cohen & Corey Zehngebot, What's Old Becomes New. Regulating the Sharing Economy, 58 BOSTON BAR J. 34 – 35 (2014).

❷ 李文瑶:《腾讯发布智慧出行战略 共建全场景出行服务体系》，访问地址：https://tech.huanqiu.com/article/9CaKrnKeiJb，访问日期：2020 年 8 月 19 日。

以网约车平台为中心所引发的市场关系变革、政策变迁、政府职能转变共同构成了网约车领域行政执法、司法审查的背景，新型交通运输服务提供市场成为各方争夺的焦点。面对专业性高、科技性强的对象，加之行政政策的规范滞后、模糊甚至内在冲突，最后都落脚到政府职能应当如何转变、协调来应对这些挑战。同样地，也为行政机关和司法机关的法律适用增加了难度。考验行政机关的行政解释、行政执法能力，对于司法机关上述的司法审查重点、框架、结果等多方面的差异也有迹可循。

四、实证分析

"法律适用涉及在规范和具体案件之间进行双向归属，这种贯彻可能性对于法律续造问题有重要意义。"❶ 并且司法机关有权认为或阐释法律是什么。❷ 可见，法律的本质实现、生命力激发与法律适用息息相关。面对纷繁复杂的社会生活，法律的实施和适用是简单的"自动贩售机""工业化流水线"的活动吗？当作为命令体系的法时，其仅是以法律语言、文字为载体的行为规范体系；当作为"law in action"的法时，其是作为有实效性的、被实现的规范秩序；而作为实现公正的法律时，离不开法官对法律规范的阐释和检验。因而，法律适用的过程是一个将法律规范作为实现公正目的作用于生活秩序的过程和工具。

（一）司法案例概况

随着以网约车、共享单车为代表形态的共享经济的兴起和发展，对共享经济的监管引起了政府和学界的广泛关注。共享经济的出现给监管体系带来了一定的冲击，在监管机关保障秩序价值

---

❶ ［德］齐佩利乌斯：《法学方法论》，金振豹译，法律出版社 2009 年版，第 12 页。
❷ Marbury v. Madison, 5 U. S. (I Cranch) 137, 177 (1803).

实现与共享经济的持续性福利特征之间、在自下而上的破坏力量与自上而下的改革力量之间、在监管标准的统一与分化之间形成了巨大张力。那么,在原有监管体系上进行更新与完善涉及多重价值衡量。以网约车这一典型共享经济案例为对象进行研究,纵观学术研究,成果多从现实——规范角度来优化对网约车的监管难题,对于推动法制完善和政府的现代化治理有着重大的现实意义。本书立足于经验事实,以网约车第一案为时间节点,关注网约车第一案及其以后的大部分案例情况,通过对85件案例(不含网约车第一案)的整理和分析,试图提炼出共享经济监管体系创新的方向及其边界。在构成本书基础性分析样本的85件案例中,人民法院与行政机关在行为结果、法律解释等方面保持一致,也就是行政机关最终胜诉的案件有70件,占研究样本的82.3%,行政机关败诉的案件有15件,占所有案件的17.7%。这些网约车行政案件具体的判决形式及比例如表2所示:

表2 网约车行政案件结案形式和比例

结案形式	维持判决/件	驳回诉讼请求/件	撤销判决/件	撤销并责令重做判决/件	确认无效判决/件	变更判决/件	合计/件
2017年	17	2	1	1		1	22
2018年	11	8	3			1	23
2019年	11	11	1	1	1		25
2020年	9	2	3		1		15

这一直观的结果显示了"网约车第一案"这件公报案例的参考意义有限,并未对后案有多大的参考价值。❶ 这与当下关于深化

---

❶ 章剑生等:《座谈:判例研究、法治发展与法学教育》,载《交大法学》2018年第3期,第42页。

改革推进出租汽车行业健康发展,构建多样化、差异化出行服务体系的指导意见有所不符。较低的胜诉率反映了国家政策、现行规范与实践需求之间的冲突与矛盾,从而反映出,为促进网约车等共享经济的成长、推动经济的发展,所实施成文法的科学性、有效性至关重要。从立法到司法的互动、从旧行业到新业态的转型、从个体消费者到公民福祉的权益保障,都是案件中需要进行价值衡量的因素。那么,所提倡的对共享经济遵循"政府监管平台、平台监管用户"的理念是否得到落实?司法审查是否存在任意、反复无常甚至滥用司法裁量权的现象?行政机关与法院就新业态究竟呈现一种怎么样的互动方式?法院如何通过与行政机关建立起良好的互动关系来赢得公众的信任并帮助行政机关建立起科学、完善的监管体系及维持政府良好运作呢?为此,在下文的研究中,通过对案例的分析,从探究监管网约车的背景着手,以司法审查的对象和解释框架为重要参照,在现实需求与法院逻辑之间找到能够上升为普适性优化制度的元素。

(二)司法审查的双重模式

1. *严格的司法审查:遵循以法律原则推理为中心*

逻辑规则在思维决策过程中处于基础地位,对法律规范和概念的解释必须与法律原则保持一致。[1]以法律原则为基础的逻辑推理规则成为思维决策过程的主要方式,也是形成法治区别于人治的表现。[2]在网约车案例中,有部分法院支持相对人诉讼请求的案例,更有作为公报案例的网约车第一案,其共性为体现了以法律原则为推理基础的司法审查模式。88件案例中,对原行政行为作

---

[1] 葛洪义:《法律方法讲义》,中国人民大学出版社2009年版,第186—187页。
[2] Todd S. Aagaard. Agencies, Courts, First Principles, and the Rule of law. Administrative Law Review, Vol. 70, Issue 4 (Fall 2018), pp. 771-806.

出一定变更或者确认无效评价的案件为 16 件。所占比例虽小，但是在这 16 件案件中却又以政策考量为基点形成了对网约车行政案件审查的三个阶段。

在网约车第一案"陈某案"❶中，济南市中级人民法院于 2016 年作出撤销原行政处罚的判决，济南市城市公共客运管理中心提出上诉，二审法院于 2017 年 2 月作出维持原判的裁决。原审法院作出撤销行政处罚判决的主要依据是运用了比例原则进行推理，即着眼于被诉行政处罚决定是否构成明显不当，法院运用比例原则作为裁判依据发挥了以下三点作用。第一，填补监管真空。法律规范的明确性至关重要，既是行政机关保持监管一致性的参照，也是实现执法可预期性的基础。❷ 2015 年滴滴平台上线，但是在这期间缺乏对此类新兴行业的判断标准和明确的规范以至于形成监管真空。法院运用比例原则所体现出的价值衡量标准之一为，共享经济此类新业态虽然有利于社会、经济的进步，但并不意味着在监管真空时期鼓励其野蛮生长，而为其留足一定成长空间即权衡了民生价值与秩序价值。第二，保护基本权利。《行政处罚法》第四条规定的"过罚相当"即比例原则在行政处罚中适用的成文法依据，❸ 该款立法目的是保护相对人的基本权利。其中，法院判断"陈某案"中相对人的行为社会危害性较小，行政处罚并未将对当事人的不利影响控制在最小范围和限度内。以比例原则为衡量工具，即行政处罚行为侵犯了相对人的财产权、平等权等基本权利。第三，坚持政府问责的价值观。政府应当界定自身行

---

❶ (2016) 鲁 01 行终 103 号，载《最高人民法院公报》2018 年第 2 期。
❷ Todd S. Aagaard. Agencies, Courts, First Principles, and the Rule of law. Administrative Law Review, Vol. 70, Issue 4 (Fall 2018), pp. 771–806.
❸ 杨登峰、李晴:《行政处罚中比例原则与过罚相当原则的关系之辨》，载《交大法学》2017 年第 4 期。

为公开性、问责体系等标准,以防以实现公共利益、社会秩序的目的之形而行扩大自身行政权力之实,而使行政权陷入极端的独断专行(secretive arrogation)。❶ 也不提倡以从前的立法意图来适用全新的事物,❷ 也就是说行政问责制贯穿于行政解释、实体裁量权行使到行政程序。该行政处罚被撤销即行政问责制的体现和结果。

2017年7月判决的"广州市交通委员会与蔡某等行政处罚及复议纠纷上诉案"❸ 中,法院同样是判决撤销原行政处罚行为,但是与"陈某案"不同之处在于法院运用"依法行政"原则对行政行为进行合法性和合理性的双重评价。案件事实为广州市交通委员会于2016年4月依据《道路运输条例》对蔡平处以行政强制与三万元的行政罚款,经过两审,法院以"行政处罚事实不清、定性错误、适用法律错误、处罚明显不当"的推理结果撤销了该行政行为。此阶段该法院之所以能严格审查行政行为是否遵循了依法行政原则最大的原因是法律漏洞逐渐得到填补。2015年12月上海市颁发营业资格证予滴滴快车的专车平台,明确了以行政许可为监管的模式;2016年11月实施了《网约车办法》❹ 等重要规章与文件,实现了行政执法与司法审查的有法可依。因而,行政机关适用旧的或错的法律来审查网约车行为,则法院可以从依法行政原则出发判决撤销原行政行为。与美国网约车典型案例同样的法理,"正是对传统出租车与TNP进行差异性监管才能凸显平等保

---

❶ Fazal R. Khan, Ensuring Government Accountability during Public Health Emergencies, 4 Harv. L. & Pol'y Rev. 319 (2010).
❷ New Prime Inc. v. Oliveira, 139 S. Ct. 532, 539 (2019).
❸ (2017) 粤71行终786号。
❹ 除此之外还颁布实施了《网络预约出租汽车运营服务规范》《巡游出租汽车运营服务规范》。

护原则。"❶ 与此案相类似的还有"王某虎与襄阳市城市公共客运管理处公安行政管理案"等4件案例❷，在新规实施之后法院以适用法律错误来撤销原行政行为。

在"曾某波与长沙市岳麓区交通运输局交通运输管理"❸ 案件中，法官在之前案例经验基础上有所推进，形成了以运用"信赖利益保护原则"的网约车审理模式的第三阶段，其特殊性表现为以下三点。第一，兼顾实体与程序的全面司法裁判。法院审查行政行为的合法性与合理性，在审查适用法律是否正确、程序是否合法、合理的基础上，增加了对网约车平台的网约车载客这一行为性质的认定以及审视，确定了在这一复杂的行政法律关系中何者才是正确的行政处罚对象。因而，实现了从实体到程序的全面、深度审查。第二，兼顾行业专业知识与法律法规的严格司法裁判。相比法院，行政机关在行业内的专业知识判断应当更为独立和准确，❹ 但是该案中法院从计算行程成本与盈利，厘清平台、司机、乘客与行政机关等多方的法律关系，得出行政机关监管对象错误、行政行为明显不当的结论，兼顾了法律专业与行业专业知识的判断。第三，体现有限司法能动主义的司法裁判。法院不仅审查法律问题，还兼顾推动实现"对共享经济坚持包容审慎监管"❺ 的政策结果，对行政部门表现出了一定的怀疑态度。❻ 与认为行政机关

---

❶ Illinois Transportation Trade Association v. City of Chicago, 839 F.3d 594（7th Cir. 2016）.

❷ （2017）鄂0606行初119号、（2018）鲁16行终2号、（2018）皖01行终50号、（2018）鲁17行终11号。

❸ （2020）湘行再8号。

❹ See Laurence H. Silberman, Chevron—The Intersection of Law&Policy, 58 GEO. WASH. L. REV. 823（1990）.

❺ 《2019年国务院政府工作报告》。

❻ ［美］克里斯托弗·沃尔夫：《司法能动主义》，黄金荣译，中国政法大学出版社2004年版，第3—7页。

是更好实现政策目标的主体这一观点相比,❶ 司法裁判反而在推动网约车、共享经济的发展中起到了相当或更大的推动作用。如表 3 所示:

表 3　严格司法审查模式的三个阶段

案例	适用法律基本原则	主要裁判内容
陈某诉济南市城市公共客运管理中心	比例原则	行政处罚明显不当,撤销行政处罚决定
蔡某诉广州市交通委员会	依法行政原则	存在选择性执法问题,撤销行政处罚决定
曾某波诉岳麓区交通运输局	信赖利益保护原则	事实认定不清,适用法律错误,程序违法,撤销行政处罚决定

2. 谦抑的司法审理:尊重以行政审批为中心的监管体系

在网约车诞生和发展期间,相关法律用语模糊化、法律关系复杂化、技术专业化,法院对行政机关的尊重态度也体现了"雪佛龙原则"(chevron deference doctrine),"监管方案具有专业性而且很复杂,行政部门对其进行了周密、合理考量,其决定对相互冲突的政策进行协调"。❷ 传统政府监管的特点或者弊端之一在于以行政审批为中心,❸ 在网约车案件裁判的此模式中,体现了司法谦抑主义,遵循行政机关以行政审批为中心的监管思路。

其一,法院尊重行政解释的事项及理由。法院尊重行政机关

---

❶ Matthew Chou. Agency Interpretations of Executive Orders. Administrative Law Review, Vol. 71, Issue 3 (Summer 2019), pp. 555-606.

❷ [美] 杰弗里·吕贝尔斯:《美国规章制定导论》,江澎涛译,中国法制出版社 2016 年版,第 310 页。

❸ 崔卓兰、卢护锋:《试论我国政府监管制度的重构》,载《学术研究》2009 年第 6 期,第 50 页。

对自身为适格行政主体的解释。作出行政行为主体为适格主体主要来自地方性法规的授权。在"张某威案"❶ 中，上海市交通委员会的执法主体资格来源于地方性法规的广泛性、原则性授权❷。在"卜某案"❸ 中，被告为浦东新区张江镇人民政府的执法主体资格同样来源于地方性法规的授权。❹ 在"吴某民案"❺ 中，实施行政强制措施的主体为事业组织，法院认为县级以上道路运输管理机构可以通过地方性法规授权或委托相关机关或单位完成相关管理工作。实施行政行为的主体包括具有专业领域执法权的交通运输机构、交通运输综合管理机构及公安机关和具有综合执法权的城市综合管理执法队伍。

法院尊重行政机关对监管客体的认定。从上述分析可知，执法主体的多样性也在一定程度上体现了监管客体的差异。行政机关的监管对象都是网约车活动，但是由于监管主体的多样，其中的旨趣、目的不同，也可以概括为监管客体的差异。西方政府监管制度肇始于"市场失灵"的经济危机，❻ 随着经济、城市、社会的发展，社会性监管的重要性越发显现，监管客体也随之改变和增加。交通运输机构的监管客体可以概括为防止经营者过高的利润或出租车行业过度竞争导致的破坏。交通运输综合管理机构的

---

❶ （2017）沪 0115 行初 679 号。

❷ 《上海市出租汽车管理条例》第四条规定，市交通行政管理部门是本市出租汽车行业的行政主管部门；市交通行政管理部门所属的上海市交通委员会执法总队具体负责本市出租汽车客运监督检查工作。

❸ （2018）沪 01 行终 400 号。

❹ 《上海市城市管理执法条例》第二条规定，乡、镇人民政府依法相对集中行使有关行政管理部门在城市管理领域的全部或部分行政处罚权及相关的行政检查权和行政强制权的行为。

❺ （2018）苏 01 行终 18 号。

❻ [英] 安东尼·奥格斯：《规制：法律形式的经济学理论》，骆梅英译，中国人民大学出版社 2008 年版，第 22—23 页。

监管客体侧重于通过监督和协调来形成合理的合作计划。城市综合管理机构的监管目的是防止产生额外的社会代价，如网约车带来的交通拥堵、空气污染。❶ 因而，不管是来自经济，还是社会问题的监管客体，法院都予以支持。

其二，法院谦抑的解释框架。法院所支持的行政解释模式可以概括为以许可为中心、以行政部门利益为主导的监管体系，其中重要内容为是否具有"行政许可"是判断相应违法行为的依据，也就是未获得行政许可即构成非法运营行为、破坏城市管理行为或危害公共秩序行为。在对"非法运营行为"构成要件的判断中，法院认为从事网约车活动的个人或车辆未取得许可即构成非法运营，对是否危害市场秩序、运输安全，或者是否促进道路运输事业的健康发展并不加以考量。在对"破坏城市管理行为"构成要件的判断中，法院认为从事网约车活动的个人或车辆未取得许可即构成破坏城市管理的行为，对是否造成城市道路秩序混乱、带来安全风险也不加以考量。同样地，法院在认定"扰乱公共场所秩序行为"的构成要件时持同样的逻辑推理，认为未获得相应的许可而从事网约车活动即为扰乱公共场所秩序。

第二节　共享经济模式从商业领域推广到公共领域

共享经济从商业领域到公共领域得到推广，有其存在和发展的必要性、正当性和可行性。

---

❶ ［美］肯尼思·F. 沃伦：《政治体制中的行政法》，王丛虎等译，中国人民大学出版社2005年版，第131—134页。

一、共享经济模式从商业领域推广到公共领域的必要性

共享经济模式从商业领域推广到公共领域的必要性主要来由于任务导向，给付行政任务的不断扩张与政府完成给付行政任务之间形成一定的张力。在给付行政任务扩张并检视政府完成给付行政任务情况的背景下认为共享模式从商业领域推广至公共领域有其必要性。

（一）给付行政任务的扩张及其影响

1. 给付行政任务的扩张

我国社会主要矛盾的转变是给付行政理论革新的动力与契机，而实践中给付行政任务的扩张又是社会主义矛盾转变的现实依据。生存照顾乃现代行政之任务，从生活中所需的基本设施到遭遇风险时得到的帮助和救济等皆是现代行政的任务。[1] 以人民为中心的发展思想，不断促进人民的获得感、幸福感、安全感更加充实、有保障和可持续。在此范围内，根据社会发展需求，给付行政任务有了改变和细化，形成了包括物质供给、公共设施建设以及民主法治建设在内的内容体系。

第一，作为获得感来源的物质供给增长。经济发展带来的物质供给能力和水平的提升，是人们对国家给付行政的直观感受，物质的供给是获得感的来源。其中包括社会保障的提供、政府的积极资助、教育的优先发展和公共文化的服务。这些方面不仅人们可以直接、具体感受和接触，也是基本的民生保障内容。丰富物质产品的提供是民生质量提高、民生保障均衡的基础和关键。政府部门的物质供给包括社会保险、社会福利、社会救济、优抚

---

[1] 陈新民：《公法学札记》，法律出版社2010年版，第45页。

安置以及政府资助,既发挥了保障性功能也发挥了激励性功能。

国家通过实行一系列法律、法规建立社会保险制度,使年老、失业、患病等劳动者在陷入困境时获得一定经济补偿或物质帮助。社会保障制度针对生活贫困、困难的低收入者,通过物质救济、就业提供等措施帮助保障其基本生活。如对城市居民提供最低生活保障,若符合人均收入低于当地城市居民最低生活保障标准的可以向当地政府部门申请获得最低生活保障。与此同时,军人优抚制度也逐渐完善。2018年关于国务院机构改革的方案中,规定组建退役军人事务部,工作内容之一即为加强退役军人服务保障体系建设。2011年修改的《军人抚恤优待条例》也对相关福利内容作了规定。社会福利制度主要包括民政福利、企业职工福利、住房福利、教育福利等内容。如社会福利院和社会福利机构的发展,企业为职工支付相关社会保险费等。相比社会保障,行政资助给予的援助更为直接和具体。行政主体无偿地、直接或者间接给私人、团体或其他组织以金钱或者其他物质性、财产性利益,引导其事业发展或促成其事业成就,最后实现国家经济、社会发展中的公共利益。

第二,作为幸福感来源的公共设施增加。给付行政中的服务行政精神旨在要求行政主体为行政相对人和其他社会公众提供公共服务。[1] 也就是说行政主体在提供公共设施建设的同时其任务范围不断扩大,内容不断细化。2018年政府工作报告指出,应当着力加强和创新社会治理,其中包括改革完善食品药品监管、强化风险全程管控、有力维护公共安全。除此之外未解决的发展不平衡不充分问题包括空气质量、环境卫生、食品药品安全。2017年

---

[1] 关保英:《给付行政的精神解读》,载《社会科学辑刊》2017年第4期。

政府工作报告中也强调工作重点应放在推行社会体制改革上。2016年政府工作报告中的工作重点包括改善产品和服务供给、加大环境治理力度。2015年工作报告对工作总体部署内容包括加强和创新社会治理。2014年工作总体部署包括不断改善生态环境、严格安全生产。

由此可见政府重视、强调公共服务的提供，给付行政的范围或精神也强调公共服务。公共服务的具体表现包括社会治理的创新，伴随经济发展而来的负面影响是一系列社会问题，这些社会问题的解决亟待社会治理创新。社会治理创新主要包括保障和改善民生、促进社会公平正义和社会的和谐稳定。❶ 其中更为具体且迫切的问题则是改善生态环境、严格安全生产、保障食品药品安全、强化风险控制。

第三，作为安全感来源的民主法治的创新。习近平总书记提出，要让人民群众在每一个司法案件中都感受到公平正义。社会制度、法律规定、执法规范、司法公正带来的公平与正义、民主与法治是增强人民对生活的安全感、对社会的认同感的重要方式。相较于西方国家给付行政侧重承担的福利、规制功能而言，中国法的给付行政与在经济发展的基础上实现社会的公平与分配正义形成密切联系。❷ 形成制度功能差异的主要原因是国情、经济发展、执政理念等方面的区别。我国人口众多，提供事无巨细的福利制度需要庞大的财政支持，因此距离西方国家的全面福利制度还需要时间和经济的推进。而以人民为中心的执政理念，必须满足人民对美好生活的需要，如更关注司法工作中的知情权、参与

---

❶ 江必新、李沐：《论社会治理创新》，载《新疆师范大学学报》（哲学社会科学版）2014年第2期。

❷ 胡敏洁：《给付行政范畴的中国生成》，载《中国法学》2013年第2期。

权、监督权等。[1]也就是说，如果仅依靠行政主体通过规制手段提供良好的竞争和生活环境已经不能满足人民的需求。人民需要切实参与到社会的民主、法治进程中，与行政主体有交流和沟通，以此共同实现社会的公平与正义。

与此同时，社会中也出现了越来越多实现公平正义的事件。2016年12月2日，最高人民法院改判聂某斌无罪。对个人利益而言，该案是对当事人人权的司法保障；对社会影响而言，让人民群众切实感受到了公平正义并坚定了法治信仰；对制度建构而言，健全完善了冤假错案的防范和纠错机制。2018年，国家市场监督管理总局作出对存在造假行为的长春长生生物科技有限公司强制退市、相关人员给予免职处罚的决定。对相关行业从业者而言，是重申了行业标准；对违法人员而言，行政处罚是依法执政的结果；对社会发展而言，是建设法治国家、保障民生的重要举措。也就是说，相比提供社会救助、社会保险、公用事业、文化建设等给付行政内容，人民对制度的科学性和民主性、社会的公平正义、国家的法治化有了更高的需要和更多的向往。

2. 现代给付行政任务的特点

其一，给付行政任务的充实性。在传统给付行政任务框架下，细化了如优良生态环境的提供、安全风险的控制及民主法治社会的建设等内容。一方面，这是给付行政的均衡性、全面性的表现，照顾到社会全体成员的不同需求。社会保障是对社会中陷入生活困境人群的雪中送炭，政府资助是对企业发展、经济前进的锦上添花。而不管是对哪类人群，保障生态环境良好、社会的安全有序则是共同需求。也正是由于给付行政任务扩张的一面，国家为

---

[1] 公丕祥：《新时代中国司法现代化的理论指南》，载《法商研究》2019年第1期。

了保证社会公平和促进经济繁荣，必须对社会和经济进行全面干预。❶

另一方面，这是给付行政可持续性的表现。获得感是幸福感和安全感的基础，而安全感和幸福感则是获得感的延续。若从狭义上理解给付行政，是对个人的物质帮助。而广义上的给付行政则包括发展所需要的物质、安全、精神等资源。正如在扶贫领域中刺激对象积极心理动机及其主观能动性。❷ 而在给予相对人解决温饱问题后的精神、安全、环境、文明等内容的充实和满足，不仅能够让相对人获得幸福感和安全感，也能持续刺激其主观能动性，从而从主观和客观上实现给付可持续的效果。

其二，给付行政任务的逻辑差异性。任务导向下的给付行政主要是根据目的思维或者任务思维展开行政行为，侧重于结果取向，这其中可能会缺乏一定的法律理性。除此之外，任务主体的改变也是其共同点之一。给付行政不再只强调国家任务中心的地位，任务主体是呈现多中心的。如私人、非营利性公共组织、传统的第三部门也都参与到实现给付行政的任务中。在多种行政行为作用下，不同类型的给付行政任务是存在逻辑差异的。

在直接给付的行政行为中，相对人直接从行政机构方获得受益，没有第三方参与或以间接获益的方式。如在对行政相对人给予社会保障时，其向行政主体提出要求给付的申请，行政主体依据当事人的申请启动行政行为，经过审核后作出相应的行政决定。政府为促进企业发展、激励技术进步实施了相关政策，主动对企

---

❶ [德]哈特穆特·毛雷尔：《行政法学总论》，高家伟译，法律出版社 2000 年版，第 17 页。
❷ 唐梅玲：《从国家义务到公民权利：精准扶贫对象民生权虚置化的成因与出路》，载《湖北大学学报》（哲学社会科学版）2018 年第 1 期。

业或行业进行补贴,或者相关企业、集体向政府申请政府补助。在间接给付的行政行为中,行政主体间接或最终达到给付的效果,形成的行为形式并不都是对相对人授益的行政行为。在此类行政行为中,行政主体可能会实施规制、干预的行政行为,但是同时达到给付的效果。干预与给付形成了密切的关系,形成以干预为手段,以给付为目的的行为关系。在计划中的给付行政行为中,法律制度、社会体系、国家建设中的民主、法治是不可缺少和不容忽视的,这项内容的提供便成为给付行政的任务之一。公民享有的共享权要求国家制定可以共享国家资源的制度,其中也包括民主、法治。国家主要作预见性判断,对社会发展进行科学判断,为人民提供良好的竞争和发展环境。

(二) 政府履行公共服务职能的困境

我国公共服务供给非均等化是公共服务面临的一大难题,包括城乡、区域、阶层间基本公共服务的不均衡。基本公共服务标准化、均等化、法治化及公共服务个性化、多样化是供给侧结构性改革、区域协调发展战略、推进服务型政府建设的一项艰巨任务,是保护公民宪法上的平等权,也是缓解新时代社会主要矛盾的方式之一。有效推进公共服务供给均等化成为公共服务供给体制改革的重要内容,也是智能化、精细化解决满足人民群众日益增长的美好生活需要的根本途径之一。

1. 实现给付行政不充分、不均衡

可以用效率和效果两个标准来评价公共服务,也就是经济性(Economy)、效率性(Efficiency) 和效果性(Effectiveness)。经济性是指以最低的能源消耗产出最大的数量和质量,力求投入的节省。效率是指以最小的投入得到一定数量和质量的产出。效果则是指目标和结果之间的关系,投入一定数量的资源是否能够获得预期的服务效果甚至超出预期的服务效果。全国科教等社会服务支出与上年相比都有所增长，❶ 公共服务资源的投入大幅增加的情况下，对公共服务的满意程度却没有明显改善，平均满意度指数在65%—69%徘徊。❷ 看病难、上学难、住房难等突出问题还是深刻影响着我们的生活，政府对公共服务的资金投入和服务效果产生严重偏离，供给质量不尽如人意甚至出现浪费资源的现象。以这三个标准来看待公共服务的投入和产出来衡量其中的效果：

第一，实现给付行政不充分。给付行政任务的全面扩张对国家的财政资源、立法资源等都提出了更高的要求，因此在国家资源配置有限的情况下，导致了给付行政实现的不充分。例如，2018年苏州市某民办小学因校园园区纠纷，不得已将该小学学生安置于公立小学内，由此暴露了城乡教育差距现实、苏州古城区保护与发展等问题。这些现实问题凸显了经济、教育、土地等资源配置的不足。根据财政部2019年的信息公开显示，2019年一般公共服务支出预算为1990.46亿元，占中央一般公共预算支出的1.79%，2018年执行数额为2054.93亿元，2018年一般公共服务支出预算为1453.88亿元，2017年的执行数额为1302.39亿元，从2017年以后，公共服务预算及执行的数额都逐年增加，并且公共服务支出都是作为中央一般公共预算中占比最大的项目。由此可见，公共服务开支中财政资源数额较大。《国务院2019年立法工作计划》涉及公共服务的包括《退役军人保障法》《排污许可管理

---

❶ 中华人民共和国财政部：《2019中国财政年鉴》，中国财政杂志社2019年版，第295页。2018教育支出为32169.47亿元，科学技术支出为8326.65亿元，文化体育支出为3537.86亿元，社会保障支出为27012.09亿元，医疗卫生支出为15623.55亿元，住房保障支出为6806.37亿元，约占了全国一般公共收入的26%。

❷ 顾严：《推进公共服务高质量发展的建议》，载《中国发展观察》2018年第24期。

条例》《城镇住房保障条例》等,约占明确的立法项目的30%。因此,为满足不断扩张的给付行政任务,财政、立法等要给予充分的保障,但是相比快速发展的给付行政任务,立法数量和立法面向上仍显得不够充分。

第二,实现给付行政不均衡。基本公共服务均等化是指全体公民都能公平地获得大致均等的基本公共服务。推进基本公共服务的均等化是政府职能转变的关键方向,是给付行政任务的重要内容。但是目前给付行政不均衡问题仍旧突出。从地域而言,表现为东、西部地区之间、城乡之间给付行政的差异。东、西部基本公共服务水平仍旧呈现较大差距,如西部地区参与社会保险人数覆盖率不到5%,仅为东部地区的1/10。根据《中国教育统计年鉴》2014年的数据,以江苏省为例,城区小学人均体育馆面积为0.37平方米,高于乡村0.03平方米,总体来说城区人均体育馆面积为乡村的12倍多。从内容而言,表现为在给付行政任务中资源分配的不均等。教育、医疗等领域仍然是薄弱环节,解决现实迫切问题的能力还有所欠缺,一些群众强烈要求的事项未被列入地方公共服务发展项目中。例如,2019年山东省累计获取的1.7亿元资金,绝大部分用于教育医疗基础设施建设。1—3岁婴幼儿托育服务中入托率比较低,并且远远低于经合组织国家的平均入托率。❶ 从技术上而言,表现为给付行政标准化目的实现的不完整。从地域而言,东、西部由于公共服务发展的不平衡,地区、城乡之间仍呈现标准化差异明显的状态。从领域而言,公共文化服务领域的标准化程度相对较高,而社会保障领域的标准化程度相对较低。如社会保险领域相应的标准化技术委员会只有1个,相比公

---

❶ 《1—3岁儿童托育服务行业白皮书》,访问地址:http://www.jwview.com/jingwei/html/12-06/113110.shtml,访问时间:2021年3月21日。

共教育领域的 9 个标准化技术委员会、医疗领域的 29 个标准化技术委员会则显得较少。

第三，实现给付行政效率低下。政府完成给付行政任务的方式也发生了变化，主要包括以下三种方式。（1）授权。社会保险经办机构为典型的被授权参与给付行政的组织，对社会保险事项进行登记、记录和支付。❶（2）公私合作。第一类为特许经营，如根据《基础设施和公用事业特许经营管理办法》，被授权人的选取采用竞争方式，授权方式为通过签订行政协议，授权内容为法人或组织可以投资建设运营基础设施和公用事业并取得收益。第二类为行政委托，"委托执法"和"政府购买服务"属于落实行政任务的手段，"委托"既可以作为"政府购买公共服务"的一种行为选择方式，又可作为其中的实施机制。❷ 第三类为公私合营模式。主要表现为公私资产的合作。（3）购买。政府购买公共服务即指政府对于要完成的公共服务任务，不再亲自完成任务，而是通过契约等形式交由有资质的社会组织或市场主体完成，政府支付相应的资金。一方面，在已经建立起来的行政行为框架范围内，行政行为形式难以实现给付行政任务，表现出行政行为僵化性与给付行政任务多样性之间的冲突。另一方面，新型行政行为面临其形式超出行为体系的障碍与对其合法性的质疑。

2. 政府公共责任的懈怠和推诿

为深入贯彻简政放权理念，公共服务民营化改革陷入公法责

---

❶ 《社会保险行政争议处理办法》第 2 条第 1 款规定："本办法所称的社会保险行政争议，是指经办机构在依照法律、法规及有关规定经办社会保险事务过程中，与公民、法人或者其他组织之间发生的争议。"《社会保险法》第 8 条规定："社会保险经办机构提供社会保险服务，负责社会保险登记、个人权益记录、社会保险待遇支付等工作。"

❷ 黄娟：《我国行政委托规范体系之重塑》，载《法商研究》2017 年第 5 期。

任遁入私法领域的质疑，出现难以问责、无可问责、非正当程序问责的问题。与公共责任的懈怠推诿相对应的公共服务消费者的法律主体地位缺失，权益也得不到有效保障。

公共服务任务存在个性差异但行政职能缺乏相应协调。公共服务的供给涉及的行政机构部门包括民政部门、生态环境部门、财政部门、税务部门等，离不开从中央到地方、不同行政部门之间的分工与配合。根据《中华人民共和国宪法》（以下简称《宪法》）第 3 条的规定，应当留足空间于地方，才能充分发挥其积极性与主动性。而在分税制下税权与事权不能达到完全的配合与协调。公共服务支出是中央事项还是地方事项、哪些类型的公共服务为中央事项或地方事项等未进行法治上的规定。除此之外，横向上的行政机构职能也有待协调。如为了推进公共服务的均等化，如何突破区域和机构上的限制，制定公共服务的标准，而在具体执法过程中，建立起机构衔接，如退役军人事务部与民政部门就同一事项充分沟通，制定出协调、科学的政策。

随着给付行政的发展和福利国家的兴起，公权力行为不再局限于对公民自由权的限制，在保障其生活和给予福利过程中，出现了国家以私法行为形式完成行政任务的现象，于是担忧国家逃脱依法行政原则而置人民权益于岌岌可危的状态。公共服务供给任务交由私人履行，行政机关由亲自履行主体变为间接履行主体，行政主体承担了介入、影响、监控、担保的责任。与此同时，政府职能也发生转变，转而承担更多的公共服务职能。政府职能转变、国家角色变化形成以担保行政为中心的行政法体系变革。

3. 公共服务民营化效果之检视

福利体系的逐渐庞大，带来了财政赤字、效率低下等问题，国家通过减少给付、提高社会资本融入等措施予以改善。20 世纪

60 年代初,英美等西方国家在公共服务供给领域推行民营化改革,20 世纪 90 年代我国公共服务供给也迎来了公共服务民营化的浪潮。历经数十载的发展过程目前已辐射教育、养老、文化等多个社会领域,满足人民多层次的生活需求。而评价民营化成功与否的重要因素即竞争是否存在,但是由于界定公共服务任务和评价方式的困难程度、已有承包商建立起来的壁垒以及腐败三个原因共同威胁民营化竞争的存在或者维持。[1]

第一,民营化并未实质性增加竞争、扩大消费者的选择。任何民营化努力的目标是或者应当是将市场力量、社会力量引入公共服务的供给中来。如果缺乏竞争和自由选择,公众利益就会受到损害。从社会分配角度而言,共享经济是市场与社会的融合,是非损益性再分配。福利市场、公共服务民营化等行为也是市场在演化的过程中向社会靠拢的情形,但是由于私有制的外部性,担心民营化无法实现公共服务的公益性。湖北省十堰市是公交车全盘民营化的第一个城市,该地公交车民营化始于 2003 年,温州商人以 800 万元买断了数条公共汽车线路的特许经营权开启了公交民营化的序幕,但是在运营过程中因职工福利、管理等问题屡遭停运风波,最后以政府收回而结束。私人部门始终难以放弃追逐利润这一目标,而为了维护公共服务的公益性,政府应当肩负起应有的规制责任。[2]

第二,社会在演进的过程中也试图克服精英迷思、政府层级化结构带来的社会福利覆盖面小、效率低下的问题。传统公共服务模式运行需要大量的财政资金支持,若失去财政支持该种公共

---

[1] 李蕊:《公共服务供给权责配置研究》,载《中国法学》2019 年第 4 期。
[2] 章志远:《民营化、规制改革与新行政法的兴起——从公交民营化的受挫切入》,载《中国法学》2009 年第 2 期。

服务模式将难以为继。"传统公共服务模式是以政府主导、国有企业参与其中体现为提供基本的公共服务,既直接提供服务也应是政府财政收入的重要来源。国有企业恰恰是社会生产部门中效率最低的"。❶ 而政府在财政压力与效率低下的背景下所提供的公共服务也正是社会演化过程中的瓶颈。

第三,消费者的权益难以得到有力保障。民营化的福利市场是一个不完善的市场,其存在准入门槛高、行政协议机制不完善等问题,若从市场经济角度考量,市场发挥的改善作用是有限的。福利市场民营化是否有悖民生财政的宗旨。社会资本引入国家提供福利的行为中,是为了提高行为和资本的效率,但是若将效率作为衡量民生质量的主要标准,是否意味着"以提升质量降低成本为驱动,不以福利或济贫性质的主观目的为指引"。❷ 因此,民生与福利实现方式多样性的兼容是市场与公民权利充分融合的重要途径。以政府购买公共服务为例,该行为反映了社会资源在公共部门与私人主体之间运行的过程,是实现资源配置、优化公共服务质量的重要手段,从法律精神而言与基本权利的保障关联有限。

社会弱势群体往往难以获得充足有效的公共服务。在公共服务内部,托幼、就医、养老等方面的服务质量和水平与实际需求还存在一定差距。2018年我国出生人口为1523万人,"全面二孩"政策实施后新生人口中二孩比例超过了一孩,幼孩看管和教育问题也是大部分公民所关心的,但是国内频发的托幼所事件和家政丑闻暴露出了更多的现实问题。

---

❶ 曹现强:《当代英国公共服务改革研究》,山东人民出版社2009年版,第46页。
❷ 陈治:《论民生财政的实践模式、路径选择与法治保障》,载《法商研究》2013年第6期。

人口老龄化造成医疗资源严重不足，❶ 医疗机构等在不断增加的同时，就医人数、需要医疗资源的人群也在不断增加。除了医疗资源总量不足之外，优质医疗资源的缺乏也成为亟待解决之问题。其中主要体现在信息的不对称及资源倾斜上。如医疗服务购买者无法判断自身情况，仅凭医疗机构等级分类、医疗市场价格等信息来进行选择，于是便会出现医疗资源拥挤的情况。❷ 而医疗资源倾向于向大医院集中，三级大医院资源过剩、基层医院资源短缺。❸

人口老龄化趋势明显、老龄人口总数急剧上升，随之而来的是大量、多元化的服务需求。❹ 养老资源的挖掘是养老的必然基础，养老资源的整合是养老的必然选择。❺ 养老机构的紧缺或条件达不到标准使得机构养老在社会中的信用度有所降低。而社区养老、居家养老等智慧型养老形态还未建立或成熟，将导致养老资源短缺问题，专项养老资源依赖问题。同时，现今的机构养老或

---

❶ 截至2018年11月底，全国医疗卫生机构数达100万个，医院数达3.2万个，其中公立医院12072个。与此同时，全国医疗卫生机构总诊疗人数达75.4亿人次，医院32.3人次，同比都有所增加。访问地址：http://www.nhc.gov.cn/mohwsbwstjxxzx/s7967/201901/94fcf9be64b84ccca2f94e3efead7965.shtml。访问时间：2021年3月22日。

❷ 彭聪、许坤：《优质医疗服务供给不足的机制分析——基于不完全信息模型》，载《吉首大学学报》（社会科学版）2018年第3期。

❸ 成志刚、唐沙：《我国医疗服务供给侧改革的场景与路径》，载《湘潭大学学报》（哲学社会科学版）2017年第4期。

❹ 截至2017年末，我国60周岁以上老年人口24090万人，占总人口的17.3%，其中65周岁以上老年人口15831万人，占总人口的11.4%。享受高龄补贴的老年人2682.2万人，比上年增长13.9%，享受护理补贴的老年人61.3万人，比上年增长51.5%，享受养老服务补贴的老年人354.4万人，比上年增长25.3%。访问地址：https://news.163.com/18/0818/09/DPG0EHBS0001875N.html，访问时间：2021年3月22日。

❺ 许晓芸：《资源短缺抑或资源依赖：智慧社区养老服务的资源困局》，载《兰州学刊》2019年第5期。

居家养老都呈现出个性化服务供给不足的现象，难以满足有特殊需求的老人，如失能或失智的老人，市场上并未设立有针对性的专业照护。

二、共享经济模式从商业领域推广到公共领域的正当性

法治理念是解决为什么实行以及如何实行法治的观念指导，其既是法治精神的集中体现，也是法治实践的强大指引。是人类历史明确了不再由人类进行统治，而被法律和理性取而代之。❶ 随着时代的发展，法治理念的精神和内容也会有所改变，共享权是现代给付行政法治理念的来源要素之一，而法治路径是保障、实现共享权的方式。

（一）共享权理念的指导

1. 共享权概念的生成与发展

共享权最先为德国行政法提出的概念，福斯多夫在其论述服务行政概念的文章中提及分享的问题。其最早提出服务行政理论，且主张干涉行政与服务行政并称以创立新行政法。第一，他提出新的社会秩序应当包括保障个人能够分享，这也是一个新的行政法原理产生的主因。正是现代国家中人们已非仰赖国家保障其自由人权，而系依赖分享权。第二，在民众分享的内容得到确定的前提下，认为确定"同胞之法律地位"才能让国民享有参与权与分享权。第三，不应忽视共享权的物质基础，人类为了生存必须依赖大规模的技术性与经济性之生活照顾的机构，并且将政治方面的分享权排除在外。第四，具体落实共享权的实现，即法律要

---

❶ [英] 彼德·斯特克、大卫·韦戈尔：《政治思想导读》，舒小昀等译，江苏人民出版社 2005 年版，第 92 页。

如何保障人民之分享权利、如何确保人们能够获得一个公正及合乎正义的分享内涵。❶

结合其时代背景，福斯多夫主编要从以下三个方面对分享权进行分析和评价。首先，福斯多夫认为共享权的实现不依赖于立法，更不依赖于宪法，而是依赖于团体的目标与领导。也就是说，其将重心放在行政而非立法中，也就是其所谓的以政治动力来推动分享权的实现和发展。福斯多夫宣扬并且鼓励人们对团体的依赖，从而让团体的建立和发展有着合理的基础。其次，福斯多夫认为重视自由人权思想、个人主义的时代已落伍。即其认为分享权可替代自由权，前者与后者相比，侧重于强调双方当事人之间的经济性。福斯多夫一方面凸显"政治的生存照顾"，认为要把"政治问题"置于首位，另一方面又明确说共享权首先要排除国民在政治方面的共享，即"参政权"，共享权只限于生存照顾。❷ 共享权固然重要，但是其在政治参与权上的前后矛盾难以丰富共享权的内涵、凸显其在法律体系的地位，更难以取代自由权成为权利体系的核心。最后，在服务行政或给付行政这一框架内福斯多夫给予分享权的法律定位。其认为个人必须依生存照顾之概念获得分享的请求权，这种生存照顾须依现行法来肯定，且以人民之实质请求权为条件，其将分享权的法律定位从内在功能要件转变为外在形式要件。❸ 也就是说，生存照顾只是社会学上的概念，分享权是确定的权利基础，基于该权利则衍生出请求权这一功能性权利。

福斯多夫由于受到当时团体主义的影响，其提出的共享权理论带有一定的政治色彩，他所强调的共享权不仅是生存照顾概念

---

❶ 陈新民：《公法学札记》，法律出版社 2010 年版，第 49—52 页。
❷ 罗英：《全面深化改革背景下共享权之定位》，载《求索》2014 年第 6 期。
❸ 陈新民：《公法学札记》，法律出版社 2010 年版，第 75 页。

的衍生、服务行政中的组成部分，更重要的是比自由权位阶高、分量重，甚至可以取代自由权的基本权利内容。相比之下，当代德国主流的共享权理论更多的是理论交锋、理性思考下形成的观点，即共享权是社会基本权的可能出口之一。❶

社会基本权的形成和发展，与社会国的背景密不可分。而进一步认识社会国背景又不可脱离自由法治国的变迁。在"自由法治国"时期，国家统治权时常不受法律控制。❷ 国家的权力受到法律的约束是警察国向法治国转变的标志之一，在此基础上，人们开始要求国家对自身自由权的保障，即将国家与社会进行区分。限制国家权力的范围，充分保障个人自由发展的空间。因此，在此时期，国家职能更多的是在法律控制下维护治安和社会秩序，而个人则在社会环境中自由发展、自由竞争、自由生活。但是国家与社会的二分法并未给人们生活带来长久、持续的安定，工业革命引发的社会动荡造成了失业、贫穷等矛盾。人们只能拥有形式上的自由，并不能完全实现自由。在此要求下，逐渐形成了现在的社会法治国。

社会法治国的建立以社会基本权的扩张为基础，社会基本权的理论建立和发展并非一帆风顺，而受到了来自以下三方面的阻碍。第一，学理的观点交锋难以形成坚实的理论基础。学者认为社会国与法治国为相互冲突的两个元素，彼此之间从价值取向到具体规则等内容都千差万别，宪法规范无法弥合二者之间的内在矛盾。例如，在法治国背景下，国家权力应当置于法律的控制之下，只有在法律授权的情况下才能启动国家权力。而在社会国背

---

❶ 赵宏：《社会国与公民的社会基本权：基本权利在社会国下的拓展与限定》，载《比较法研究》2010 年第 5 期。
❷ 翁岳生编：《行政法》，中国法制出版社 2002 年版，第 48 页。

景下则不然，要求国家积极、主动进行调整以实现公民的实质自由。福斯多夫亦持此种观点，他认为法治国与社会国无法在宪法的框架下实现融合。第二，财政能力的有限无法提供稳固的保障。社会基本权的扩张要求国家提供实现自由所需的物质条件，但是在现实情况中，国家是否能够提供给付、提供多少给付在绝大多数情况下都依赖于国家的财政能力。国家的财政能力是有限的，因此社会权的范围也是有限的，社会国的建立不能一蹴而就。第三，社会权自身不确定性影响理论形成。有学者认为传统的自由权只是形式上的自由，社会权的导入会使得形式上的自由得以实现，那么在此逻辑的推演下自由权的内容也可以解释为社会权的内容。❶ 一方面，自由权内容的确定很多时候也依赖于法律解释，如果将自由权转化为社会权，即要进行双重解释，在此情况下增加了内容的不确定性。另一方面，社会权的内容会随着社会、经济、文化等现实状况的变化而变化，它的发展、解释空间都远远大于自由权。因此，社会权自身的不确定性也阻碍了社会国的快速建立。

在重重理论与现实的困惑下，联邦宪法法院对社会基本权的态度让我们在理论层面看到了社会基本权的可能出口，共享权的发展就是其中之一。福斯多夫在其 1959 年出版的著作《服务行政的法律问题》中，放弃之前的观点将共享权视为与自由权并列的基础权利，自由权为侵害行政的指导理念，共享权为给付行政的指导理念。❷ 也就是说，福斯多夫对共享权的观点从将其视为自由

---

❶ 赵宏：《社会国与公民的社会基本权：基本权利在社会国下的拓展与限定》，载《比较法研究》2010 年第 5 期。
❷ 林俊廷：《社会福利行政之裁量统制——以受给权保护为中心》，台湾政治大学法律研究所 1998 年硕士学位论文。

权的替代变为与自由权并列。

当代德国行政法对共享权的发展不止于此，主流观点强调共享权是平等权的衍生权利。首先，社会权获得开放的发展环境得益于著名的 Numerus－clausus 判决的推动。在该判决之后德国联邦宪法法院非一直否定社会基本权。其次，理论上界定了共享权的内容，而共享权提供了请求实现社会权的基础。如前所述，社会权的实现依赖于国家资源的支持，如果在国家资源充足能为给付的前提下，所有公民对国家现有的资源和给付的能力都有权要求共享。即共享权被定义为公民要求共享国家现有资源的请求权。在此基础上，如果国家实施给付行为，但是有些人群未享受到这些给付，则该类人群可以向国家主张给付。最后，共享权是从平等权中衍生出来的。国家根据现有资源进行给付，倘若给付不公，侵害了那些没有得到给付的公民的平等权，则可依据平等权主张共享资源。因此，此种给付请求权被称为"衍生给付请求权"，联邦法院在认可此种衍生的共享请求权的同时也强调，只有在国家为给付行为时是恣意、违反宪法的，此时才能导出衍生给付请求权。除此之外，此种请求权并非要求获得同样或特定物质，而是请求获得同等的获得共享的机会。

2. 共享权的界定

大陆法系所提的共享权是从德国发源而来的，主要是在福斯多夫所提的共享权的基础上，在社会、经济、文化背景的变迁下，经过理论的系统发展及司法阐释而形成今天主流的学说。英美法系中没有确切使用"共享权"这一概念，但是在其福利系统内也存在相对应的权利理念。

上文已介绍了福斯多夫所提的共享权和德国现行基本法中共享权的内涵，那么共享权这一法律话语自德国引入我国后也有了新的解释和内涵。在我国台湾地区，学者认为共享权是给付请求权的一种。此种给付请求权又并非原始给付请求权，而是基于平等原则衍生出来的衍生型给付请求权。❶ 在大陆地区，有学者将其概括为个体要求共享的权利。❷ 也有学者认为共享权除了政治共同体要求能够共同享有资源和利益这一层含义外，还包括生存共享权、平等共享权、共享程序权三项子权利。❸ 还有学者认为共享权为给付行政的核心。❹ 也有学者认同"共享权"是由"平等权"推导出来的，不仅将其视为国家救助义务的来源之一，也认为其保障的是最基本的生存发展条件。❺

综上，大陆法系下的共享权内涵主要包括以下三点。第一，共享权为"平等权"衍生出来的"衍生给付请求权"。应当从以下

---

❶ 许育典：《宪法》，元照出版公司2008年版，第110页。

❷ 江必新、邵长茂：《共享权、给付行政程序与行政法的变革》，载《行政法学研究》2009年第4期。其将共享权概括为：成员个体拥有的要求政治共同体保障其能够共同享有资源和利益的权利，或可概括为"共享权"。它意味着这些资源和利益在整体上的共享性，而非某个具体给付物品的共享性。国家对全体国民资源和利益共享的保障，构成给付行政义务的来源。

❸ 罗英：《基于共享权的共治型社会管理研究》，载《法学论坛》2013年第1期。"本文所说的共享权，是指政治共同体成员要求政治共同体保障其能够共同享有资源和利益的权利，仅限于社会领域，而不涉及政治领域，在这点上，它与通常所说的新财产权、生存权、福利权、社会权、积极权利、社会经济权利、受益权、社会保障权，以及德国法中的狭义共享权有相通之处；但是，共享权是一个完全独立的概念，与上述所有权利都不同。"

❹ 胡敏洁：《给付行政范畴的中国生成》，载《中国法学》2013年第2期。"从公民的角度来看，给付行政的过程是实现共享的过程，给付行政义务请求权本质上是共享权。特别是对于发展中国家而言，如何在已有发展基础上实现资源共享与公平分配，是当下给付行政的要务之一。"

❺ 黄锴：《论作为国家义务的社会救助——源于社会救助制度规范起点的思考》，载《河北法学》2018年第10期。"条件平等意味着'相同的人相同对待，不同的人不同对待'，宪法所保障的是每个人在市场竞争中具备能够生存发展的最基本条件。自然地，基于这一意义的'平等权'所推出的'共享权'并不意味着社会财富均分分配，而是通过税收制度的设置保障弱者最基本的生存发展条件。"

两层含义理解该角度的界定：一方面，共享权不为独立、原生性权利。"共享权"由"平等权"衍生而来，也就是说是平等权内容中的几种平等情况。❶ 另一方面，共享权本质上是给付义务请求权。该层含义主要从主观权利的受益权功能进行理解，❷ 若同为主观权利的平等权和共享权，平等权无法直接要求国家为资源分配、利益共享的给付，而共享权可以要求国家平等的为上述内容的给付。第二，权利主体为社会共同体中的成员或同胞。学者都将共享权置于群体思维下进行思考，成员和群体分别对应公民和国家这两个概念。国家具有政治性和群居性的特征，由此决定了个体成员与该群体的关系是人类社会中最基础的一类群体与个体的关系。如果某个个体无法从该群体中享受到资源和利益，那么他可能选择脱离该群体。因此，寻求利益的成员、同胞对应的则是国家这一主体。正如恩格斯所言的国家决不是从外部强加于社会的一种力量，国家是社会在一定发展阶段上的产物。❸ 第三，共享的对象为资源和利益。强调共享的对象是因为共享这一概念听起来过于美好，如果不对其对象加以限定和解释，很容易陷入过度解读的误区。首先应当区别于共有，共享并非指定某一个具体的事物或物资，并不是社会个体成员的个人所有物都能共同享有。其次应当区别于平均主义。共享并非指要求国家将社会资源、利益平均分配于每一位公民。共享并不取代、抑制社会自由竞争。除此之外，共享圈的导出并非国家为某些人提供给付的行为。最后

---

❶ 朱应平：《论平等权》，载杨海坤主编：《宪法基本权利新论》，北京大学出版社2004年版，第37页。"结果平等""机会平等""条件平等"以及"同样情况同样对待，不同情况不同对待"。
❷ 张翔：《基本权利的规范建构》，法律出版社2017年版，第70页。
❸ [德]弗里德里希·恩格斯：《家庭、私有制和国家的起源》，中央编译局译，人民出版社1972年版，第167页。

并非国家要将所有甚至预期的资源进行给付和分配。为实现共享权而为的给付行为以资源为基础，因此，共享的对象为国家现有的资源和利益。第四，共享权对应的义务为保障。正如以上分析，共享的对象不为某个特定事物、他人个人所有的物品等，因此国家的给付义务不是保证给付每个公民同等的物质或者具体事物。国家的义务为保障，如建立法律体系、制度保障公民获得公平共享的条件。

英美法系的福利法律内容并未使用同样的词汇进行体系构建，但是也有相关的概念来描述该权利和建构法律体系。美国将享有福利的权利称为福利权。美国福利权的发展大体上可以划分为三个阶段，在第三个阶段，美国法院和学者对于福利权宪法保障的路径尝试似乎已告失败。[1] 在此期间，有学者认为法律思维和司法决策中最重要的转变之一是福利待遇被视为合法财产权，而不是依赖政府的行政自由裁量权。[2] 除此之外，也有法官通过对宪法第十四修正案平等条款的司法解释来对福利权进行保障。[3] 在最近十年，美国更为关注福利权的"裁判性"，试图通过正当程序条款、平等保护条款等给予福利权切实保障。[4]

综上，在我国经济、社会、文化发展的背景下所理解的共享

---

[1] 胡敏洁：《福利权研究》，法律出版社 2008 年版，第 16 页。第一个阶段为早期济贫法至罗斯福新政时期。在这一阶段，社会保障法案得以颁布，而罗斯福总统的"四大自由"也开始影响福利权观念的形成。第二个阶段为社会保障法案颁布至 20 世纪 60 年代民权运动和"伟大社会"时期。在这一时期，法院和学者都试图确认某种福利权益。第三个阶段为 20 世纪 60 年代至 1996 年美国福利改革。

[2] Alan Rycroft, Welfare Rights: Policy and Discretion, 3 S. Afr. J. on Hum. Rts. 367 (1987).

[3] Lawrence E. Rothstein, Business as Usual: The Judicial Expansion of Welfare Rights, 50 J. Urb. L. 1 (1972).

[4] 胡敏洁：《晚近美国福利权的学理与实践——2006—2016 年之评述》，载《交大法学》2017 年第 2 期。

权为国家以保障人民权利、维护公平和社会秩序为目的,公民有向国家请求获得共同享有资源和利益的权利。那么共享权也包括以下三个要点:第一,不直接与社会救助相联系,立足于平等权,着眼于给付均衡性。包括受益主体均衡、内容均衡。在此就将共享权区别于社会权和生存权,也就是共享权在不立足于社会救助的基础上,着眼于对社会群体进行给付,不仅包括对弱势群体的救助并提供最小限度的给付内容,也包括对社会各阶层公民的可持续发展性的给付。第二,以保障权利、维护公平为目的。共享权是给付与行政的连接点,给付行政在以任务为导向的同时,更以实现权利为导向。对行政相对人而言是请求权范围的扩大,对行政主体而言则是其服务主体身份的转变。在此内涵下,公民有权利参与共享过程并要求共享过程的公正性,因此也包含了正当共享权利。第三,共享权包括给付请求权,即请求国家给予资源与利益,从这个角度而言则将共享权区别于福利权。福利权更倾向于依赖立法、司法机关的解释来实现相对人的请求给付权,也就是更着重实现权利的保护功能,强调国家有义务进行立法来防御公民福利权受到侵害。公民难以基于福利权直接向行政机关请求给付物质或共享资源。

3. 共享权的价值

上述论及共享权与类似权利的差异性,也就是共享权在现行发展背景、法律框架内有其存在的必要性。除此之外,随着社会的变迁,共享权的内涵在此基础上也不断丰富、价值内容也渐成系统。

首先,共享权是在第三代人权的背景下获得内容更新及发展的。第三代人权以发展权为代表,其将人权的主体扩展至国家和民族，从而形成集体人权。❶ 理论上发展权也是一种利益共享的权利。❷ 即共享与发展是两个相辅相成的概念，实现发展权的条件之一为共享的对象得到均等的发展机会和发展利益。因此，共享权中也蕴含着发展的内涵，以共享权为指导的给付行政也在新的历史条件、社会背景下形成了给付行政发展论。给付行政发展论不是对传统给付行政学理的抛弃，而是在传统给付行政学理的基础上结合时代需要和社会变革进行契合实践需要的自身学理革新。

其次，共享权诠释的价值包括平等权和给付请求权。"平等"一词具有多重含义，并且置于不同的学科领域、法律框架内都可以形成对应性的内容。共享权对平等的价值诠释包括以下两方面内容：一方面，政府给予平等关切。正如德沃金所指出的，在抽象的平等主义原则下，政府的义务包括给予每个人的生活平等的关切，从而让人们过上更好的生活。另一方面，保障形式平等、完全平等、实质平等和比例平等。❸ 正如罗尔斯对正义原则的描述，人们对自由体系的拥有都成为平等权利的一种，社会和经济应合理地期望适合于每一个人。在人们对共享内容有上述平等价值的期许时向国家提出给付请求权，因此该给付请求权为从平等权价值中衍生出来的给付请求权。

最后，权利导向下公共服务供给形成可持续性的法治保障。给付行政领域由于侵害性较小，且为授益类行政行为，根据国家

---

❶ 姚建宗等：《新兴权利研究》，中国人民大学出版社2011年版，第395页。
❷ 汪习根：《法治社会的基本人权——发展权法律制度研究》，中国人民公安大学出版社2002年版，第60页。理论上将发展权表述为："人的个体和人的集体参与、促进并享受其相互之间在不同时空限度内得以协调、均衡、持续地发展的一项基本人权。即关于发展机会均等和发展利益共享的权利。"
❸ 胡健：《平等权的宪法内涵及其实践路径》，载《四川理工学院学报》（社会科学版）2012年第2期。

发展需要和实际情况大多以政策类规范进行调整，因此给付行政从给付内容、行为方式、标准体系等方面会根据国家任务需要、行政任务导向进行调整，难以达到持续性、稳定性和法治化。但是权利导向下的给付行政一方面明确了公民权利，另一方面固定了国家义务，因此形成了给付行政的基础，可形成稳定运行的规范体系，避免了任务导向下行为的随意性、运动性。可持续性是法治的特点和要求之一，可避免出现人治下的朝令夕改和随波逐流。共享权下的给付行政可持续性不仅包括有可供反复适用的法制，还包括给付内容的可持续性。因此，共享权在给付行政领域发挥的作用为构建给付行政发展论。在既有的给付行政理论基础上，建立和发展共享权，保障社会平等和社会秩序公平，并形成可持续性的行政给付。

（二）共享权下的国家给付义务

在德国，通过宪法法院的判例及学术理论的探讨，发展出了基本权利的功能体系，并在此功能体系之上形成了对应的国家义务。但是在我国并未形成成熟、稳定的"基本权利—国家义务"关系的体系，因此就给付行政领域中，国家的给付行为究竟为行政任务还是国家义务还有待厘清。由于生存权是人的基本权利，因而政府对此承担了主要责任。而发展权、共享权为更高层次的权利，国家资源有限的情况下个人和社会也承担了一定的责任。❶除此之外，在此发展过程中，应平衡提高公民福利权益与防止国家过度给付二者之间的关系，因此应界定国家给付义务的内容与边界。

---

❶ 王敬波：《福利国家与中国行政法发展的新趋势》，载《国家检察官学院学报》2012 年第 5 期。

1. 共享权下国家义务的理论证成

国家从消极的"守夜人"向积极的"给付者"角色转变,国家的积极参与和有效帮助成为公民权利实现的重要组成部分。[1] 亦即国家义务的履行离不开政府的积极行政,国家的重要职能为保障和促进公民权利的实现,进行积极的给付行政。共享权不仅是公民身份认同的重要内容,关乎公民的生存和发展,还关系到国家发展形成的良性循环和整体水平的提高。从权利性质上看,也具有公共物品属性,因此国家对共享权的实现也有法定的义务。

第一,宪法基础。公民与国家的关系为宪法中最基本的关系。该关系在法律层面可表现为权利与义务的关系,公民与国家的关系也为宪法关系中最为重要的关系。[2] 国家为权利主要的义务主体源于西方国家的"国家与社会二元论"。在传统的西方理论中,认为国家是为了维护社会的安全和有序而建立的,它的权限在宪法之下,以实现公共利益为目标,对公共事务进行管理并作出公共决策。但是它的作用是有限的,其不作用于"私法自治"的领域。因此,宪法上对权利的规定就是划定国家权力范围的界限。在西方立宪主义的发展中,国家和社会的关系可能存在不断讨论和观点重新建立的过程,但是就国家社会二元论作为西方立宪主义的认识却未改变。早期西方社会规定的基本权利主要是自由权,正如上文所述其主要用于防止国家的干预,保障市民社会形成的秩序。在此,自由权的实现只需要国家承担不侵犯义务,公民权利与国家义务的对应关系较为清晰。因此,在早期西方立宪主义中,权利与国家义务的对应关系是唯一的,并且是几乎不存在争议的。

---

[1] 程燎原、王人博:《权利论》,广西师范大学出版社2014年版,第193—194页。
[2] 张震:《社会权国家义务的实践维度——以公租房制度为例》,载《当代法学》2014年第3期。

当代的宪法理论中，也出现了将公民权利对应的义务主体进行范围扩大的观点，这些观点对公民权利与国家义务的关系进行修正或补充，但是并未从根本上革新公民与国家的宪法关系。社会主义国家的宪法理论认为国家、个人和其他社会团体等社会主体的利益内容是一致的，认为个人利益的实现与国家、社会整体是协同、和谐发展的。在此基础上，虽然并不将权利实现的义务主体只限定于国家，但是国家也是作为主要主体而存在的。在社会国的发展背景下，国家的义务不仅包括不侵犯公民的自由权，也包括保障公民社会权的积极实现。在此背景下，权利对应的义务内容和义务主体发生变化，但是同样地，国家仍然作为主要的义务主体。而公民权利与国家义务为公民与国家关系在法律上的表现形式，因此也就形成了权利与义务的对应关系。

第二，规范定位。宪法规范对给付行政的规定。在一些国家的宪法中明确规定公民享有生存权。❶ 日本学者对于生存权的内涵也作了明确的回答。在这些宪法规范中，生存权是国家给付义务的起点，国家对生存权有实现的义务，即帮助生活陷入困顿的人解决温饱。

我国《宪法》第四十五条规定，公民有从国家获得物质帮助的权利，相应的国家应提供条件使公民享有权利。❷ 即在我国宪法中规定了"物质帮助权"，该权利涵盖范围小于生存权的范围，权利主体也为特定主体，在保障限度上也仅限于国家创造辅助权利实现的条件，并不进行直接物质给付。但是我国宪法中规定的

---

❶ 1949 年《法兰西第四共和国宪法》序文、1948 年《意大利宪法》第 38 条、《印度宪法》第 38 条对生存权都做了明文规定。

❷ 《宪法》第四十五条规定："中华人民共和国公民在年老、疾病或者丧失劳动能力的情况下，有从国家和社会获得物质帮助的权利。国家发展为公民享受这些权利所需要的社会保险、社会救济和医疗卫生事业。"

"物质帮助权"与"生存权"也有重叠的内容,保障的主体为因年老、疾病、丧失劳动能力等而陷于生活困顿的人。也就是说,在我国宪法中已具备解释生存权或社会权等基本权利的基础性内容。

我国《宪法》第 33 条规定了公民的平等权,基于宪法中对平等权和狭义的"生存权""社会权"的规定,可以认为基于平等权和向国家请求的物质帮助权,处于同等贫困、需要帮助的公民都可以向国家请求物质帮助。除此之外,我国《宪法》还规定公民有受教育和劳动的权利。对于此类权利的实现,基于平等权内容,公民也可以要求分享国家资源以实现自身权利。因此,共享权内容基于宪法中的平等权、物质帮助权以及与生存权内容的重叠得以浮出水面。也正如博登海默在著作中所言,每个社会秩序都不可避免的任务包括分配权力、限定其范围且协调多种权利之间的关系。那么,"共同福利"或"共同利益(common good)"这一概念就是在这样的背景和目标指向下形成的,个人可以拥有权利,但其权利有一定的边界。在个人权利和社会福利之间创设一种适衡,乃是有关正义的主要考虑之一。❶ 共享权更像是从我国宪法中的平等权、物质帮助权中导出的,适合于现代给付行政发展所需的共同利益概念。

第三,理念回应。将共享发展理念固定为共享权。党的十八届五中全会提出了以共享发展为出发点和落脚点的"五大发展理念"。共享的发展理念并非只在我国的发展环境中出现,并且其也有一定的历史发展形态。共享作为人类社会发展的一种价值追求和共同目标,一直以不同的方式在不同的社会发展时期发挥特定的历史作用,并且在此过程中以不同的形式融入社会制度中,形

---

❶ [美] E. 博登海默:《法理学——法律哲学与法律方法》,邓正来译,法律出版社 2004 年版,第 324 页。

成符合当下发展潮流的共享发展类型。

共享理念的发展形成了现代社会背景下的现实形态。第一，北欧共享方式，即欧洲一些福利国家采取的社会制度，北欧一些国家实行民主社会主义制度，社会成员平等、自由和富裕，既维持了经济增长，也实现了个体自由和全面的社会保障体系。但是好景不长，此种共享模式并未具有可持续性，2009年许多欧洲国家深陷债务危机，福利制度也受到一定冲击。第二，德国为"法治国"与"社会国"并行的发展模式，即以私有制为主体，鼓励和发展市场经济，同时也强调政府的宏观调控和干预以弥补市场缺陷，实行广泛的社会保障制度，德国实行社会市场经济体系来确立共享经济社会发展的目标，如利用行政和立法途径，建立以社会保险、社会福利和社会救济为核心的覆盖全国的社会保障体系。第三，英美国家完备的社会保障体系。英美国家的共享方式需要源源不断的资源支持，在此基础上美国的共享机制是社会保障和现代慈善的结合，以此满足大多数公民的最低需求。

虽然共享理念的提出属于政治范畴，但是政治与法治的发展不应该被割裂看待，正如学者所说的政策主导的后现代法治模式。❶ 其中，政治与法治形成了相辅相成的紧密关系，党的政策在法治国进程中起到了主导作用，那么国家的法律就是落实党的政策的具体工具。二者联系紧密，不应被割裂看待，但是属不同的

---

❶ 强世功：《从行政法治国到政党法治国——党法和国法关系的法理学思考》，载《中国法律评论》2016第3期。"中国处于后发达国家的历史处境，要赶超西方必须采取跨越式发展道路来推进现代化；这就意味着中国法治建设始终要坚持通过政策和法律来改变社会，推动经济基础和上层建筑的变革。这种客观发展的必然性决定了中国法治在'实践'层面上必须采取以政策为主导的后现代法治模式，始终坚持党的路线、方针和政策在法治秩序建构中的主导作用，国家和法律始终是执行和落实党的政策的有效工具。"

领域，应当搭建起二者互通的桥梁，将政治话语转化为法律概念。正如学者所言新发展理念引领法治中国建设，但如何理解"引领"的内涵及如何适用"引领"的理念是法律工作者应当解决的问题。❶ 对共享权的固定则是从法律上回应了共享理念法治化的需求。党的十八届五中全会提出以人民为中心的发展思想，相应地，法律承认、保障人民的权利和自由也是法律自身所追求的价值。除此之外，法治精神中最根本的内容也正是保障人民的权利而制约国家的权力。在此基础上，"权利保障"和党所提出的"以人为中心"在法治层面是互通的，也就是不同领域话语的相互转换。因此，共享权也就是对共享理念进行法律话语的转换。

2. 共享权下国家义务的具体内容

每一项权利都有相对应的国家义务，❷ 根据权利对应的国家义务分类，主要有"二分法""三分法""四分法"。❸ "二分法"相对过于简单，不能严谨地描述国家义务的类型，并且可以在"三分法"和"四分法"之间产生互相转换的关系；"四分法"也是在"三分法"的基础上的进一步阐述，"三分法"既能立体呈现国家义务呈递进式的关系，也符合公民权利发展的历史进程。因此，将共享权对应的国家义务从尊重、保护、给付三层次进行详细阐述。

第一，充分尊重共享权利是根本义务。尊重义务为权利对应

---

❶ 周佑勇：《逻辑与进路：新发展理念如何引领法治中国建设》，载《法制与社会发展》2018 年第 3 期。

❷ 蒋银华：《国家义务论——以人权保障为视角》，中国政法大学出版社 2012 年版，第 151 页。

❸ 龚向和：《论民生保障的国家义务》，载《法学论坛》2013 年第 3 期。"二分法"将国家义务分为消极义务与积极义务，"三分法"在二分法的基础上将义务分为避免剥夺的义务、保护个人不受剥夺的义务和帮助被剥夺者的义务。"三分法"的另一位学者认为国家义务包括尊重、保护和实现义务。"四分法"又是对"三分法"的拓展，认为国家义务包括尊重、保护、实现和保障。

的国家义务中的消极义务，即国家对公民权利不加侵害和干涉。共享权中的尊重义务指国家或政府尊重公民平等分享国家资源、利益的机会，对公民共享权的享有和实现不加以干涉。国家的尊重义务包括以下三方面内容：首先，国家应当以法律的形式认可共享权，这是国家承担并履行国家义务的逻辑前提。其次，国家不应该侵害公民的共享权。这是源自法治国中尊重自由权的理念，不妨碍公民正当行使权利。最后，国家应当控制权力范围，将权力范围严格限制在保障实现共享权的范围和程序内。第三层内容是对前两层内容的进一步提升，即在行为范畴内对国家义务进行规定，国家权力的行使应当有法律的明确授权，在有需要国家行为来实现公民共享权的地方才有国家行为作用的余地。

第二，保护共享权利不受侵犯是关键义务。国家应当采取适当和必要的措施避免共享权遭到侵犯，共享权可能遭到的侵犯主要来源于以下两方面：一方面为第三人或公权力的侵犯。保护义务为国家的积极义务，国家在不妄加干预的同时应当采取积极措施预防、排除、解决公民共享权遭受来自第三人或公权力的侵害。另一方面为经济发展本身带来的负面效应。共享权也是公民要求公平正义的体现，该正义包括公平享有资源和利益。亚里士多德将正义分为分配正义和矫正正义，❶ 共享权既要求实现分配正义，同时也要求实现矫正正义，国家的保护义务则是满足和回应矫正正义的需求。在当代中国的社会转型时期，公平与效率之间呈现关系紧张的状态。❷ 经济增长的速度并不代表经济发展水平，反而

---

❶ [古希腊]亚里士多德：《尼各马可伦理学》，廖申白译，商务印书馆2003年版，第136页。
❷ 公丕祥：《新发展理念：中国法治现代化的战略引领》，载《法治现代化研究》2017年第1期。

可能会造成经济结构失衡、分配状况不均、贫富差距扩大等问题。因此，共享权要求国家在发展生产力的同时最大限度地实现公平、形成健康的经济秩序，防范因经济增长带来的权力、利益、财富等与共享权相关的内容受损。

第三，国家对共享权的给付义务为主要义务。国家的给付义务也称为实现义务，国家应当在其当前可利用的资源限度内，承担公民基于共享权所要求的物质帮助和资源分享。国家的给付义务也是共享权中分配正义的要求，分配内容包括财富、资源、荣誉、利益等有价值的东西，分配正义的核心在于社会应得。❶ 分配正义既涉及个人能从国家和社会分享到的资源、利益，又涉及个人所有权，因此分配正义所能分享到的资源是其在社会中应当得到的，并不是社会中所有的资源。除此之外，国家为实现给付义务、分配正义应当建立共享机制。该共享机制涉及的完善的社会保障法、义务教育法、社会救助法等法律规范的制定，其中包括调整共享的范围、对象、程序、标准体系等内容的建构。应当强调的是，该共享机制应当是平衡的共享机制，其中的内容、范围不应当有所偏颇，当然可以适应发展需要分时期侧重，但是要避免消除一种不公平又导致另一种不公现象的出现。

3. 共享权下国家义务的边界

给付行政的权利基础超越"生存权"，意味着我国的给付行政制度也经历了一个不断演进的过程，给付目的不仅包括"济贫"，也包括"防贫"；给付对象不仅是特定群体，也涵盖全体国民的整体发展。在增加给付内容、提高给付质量的过程中，也要防止出现给付危机。也就是说，对以共享权为基础形成的国家义务的范

---

❶ 张国清：《分配正义与社会应得》，载《中国社会科学》2015 年第 5 期。

围和界限应当加以明确。

第一，以现有资源和利益为给付基础。共享权的确立以现有的国家资源和利益为分配基础，也就指向社会共同福利的享有，但是对共同福利或公共福利的理解，不能局限于"共同"二字。既不是满足每个人的欲望和要求，也不能将共同福利视为政府当局所做的决策决定。❶ 为防止共享权被描述为社会成员欲望的总和和个人所有权的分享，应当明确共享以现有资源和利益为基础。

对共享权的保障取决于国家可供支配的财政和资源，如果国家的资源不足，就难以支撑共享权的实现，国家现有的、已经存在的财政、资源和利益是共享权的基础。可以从以下两个方面对国家现有资源和利益进行理解，一方面，应当区别于个人所有物，即共享并非私法上的共有。私法上的共有可追溯至罗马法时期，罗马法时期最早的共有为"家庭共有制"，❷ 罗马社会发展的后期出现的共享形态越来越多，包括遗产共有、家庭共有、夫妻共有。在日耳曼法上多数人共同享有财产，并不存在类似于罗马法上的"共有"概念。如被继承人死亡，继承人继承财产，关于这一行为的法律内容中并无共同共有的规定，也就是说继承人是"分享"财产而不是共有。❸ 我国私法上对共有的规定主要为《物权法》第103条，共同共有关系发生包括法律的直接规定和当事人的契约关系。因此，纵观历史发展脉络，私法上的共有以一定的法律关系为基础，形成对财产的共同或按分所有，彼此之间并不排斥对方对财产的所有权。"共享权"并不意味着个体可以共有他人私人财

---

❶ [美] E. 博登海默：《法理学——法律哲学与法律方法》，邓正来译，法律出版社2004年版，第324页。
❷ 杨立新：《共有权研究》，高等教育出版社2003年版，第20—33页。
❸ 李秀清：《日耳曼法研究》，商务印书馆2005年版，第293—306页。

物，但也不能排除私法的生效和适用，个人所有之资源仍按照法律规定进行分配和处置，并不当然能够供他人分享。另一方面，应区别国家均等分配资源。

第二，权利救济只有在行政主体提供给付时是恣意的或违反法律规定时才可启动。共享权是基于平等权衍生的给付请求权，但相对人并不是在任何时候、场合都可以向行政主体请求实现或保障该项权利，只有在其恣意为给付行为或者在作出行为过程中违反法律规定，才可请求实现共享权或提供权利救济。除此之外，只有可以直接向国家请求给付的国家义务才是给付义务。国家为帮助或者促进公民共享权的实现要承担积极义务，但是并非所有的积极义务都应当纳入国家义务范围，只有与这种请求权对应的、国家能直接给予国家义务才是应当承担的义务。如为实现共享权，请求国家制定某项具体制度则不在权利对应的义务范围内，但是根据现有制度请求国家给予物资救助则是在义务范围之内。

第三，国家预防义务并非指完全消除贫困。预防义务为国家保护义务中的一项内容，国家对公民陷入贫困或者处于经济不利状况有预防的义务，预防因为经济发展带来的贫富差距、物价变动等结果给人民带来的负面影响。国家的预防义务主要通过立法等宏观手段为权利的实现提供制度和前提条件。但是在共享权下国家的广泛保护义务中，并非指人民完全处于平均分配财富状态、完全消除贫困。行政主体的权力来源需依法律产生。基本权利不再是纲领性条款，对共享权的保障仍应以制度性保障为佳。该制度性保障不仅包括已经形成的制度，对现实状况的保护，也包括为保障权利而积极形成制度，将能够形成制度的、需要上升为制度性保障的内容通过立法手段进行细化。

三、共享经济模式从商业领域推广到公共领域的可行性

民主法治建设的目标不仅包括法治政府的建设,还包括推进民主进程。国家与社会关系的调整方向主要包括还权于社会,在法律范围内承认社会的自我赋权,形成国家与社会的共建、共享、共治格局,从而提高二者抵御风险的能力,实现融合与共同发展。国家任务不断社会化的过程则不断提高完成国家任务的效率及社会抵御风险的能力,国家任务不断社会化的过程包括以下两个阶段。

(一) 公共服务供给的政府垄断供给阶段

在实行全社会按需分配的公共福利制度期间,公共服务供给的覆盖范围不断扩大。其已经广泛涉及科学、教育等领域,在提高人民生活质量的同时也对国民经济的发展发挥了重要作用。这一时期的公共服务供给机制的集中特点为政府主导。高度中央集权的政治制度和计划经济制度是形成政府主导的公共服务供给机制的重要原因,同样地,在公共服务资源提供领域,政府权力也占据了主导、控制甚至垄断的地位,形成政府是资源配置权力的单一中心的模式。公共服务的供给主要依靠政府命令,上级对下级传达指令,地方遵从中央的方针政策。而提供公共服务的资金则由于国家和集体共同负责,如国家承担城镇的公共服务支出费用,集体组织承担农村或其他对应集体的支出费用。

这个时期所形成的给付行政模式所对应的客体和政府分别是生存权和全能型政府。基本生活的供给范围包括衣食住行等多项内容,但是由于当时的社会生产力水平低、社会总资源匮乏,公共服务的数量、质量只限于满足人民对公共服务的低水平需求,也就是仅限于保障人民的生存权,这时期的国家单位、全民所有

制企业、单位组织等集体是紧密联系的,由全国统一调拨、地方统一管理,在公共服务的供给任务繁重的同时,财权、事权等权力也是高度集中于政府手上,形成了庞大的全能型政府体系。

(二) 公共服务供给的市场化探索和发展阶段

给付行政国家从建立到发展的过程中,由于福利体系的逐渐庞大,带来了财政赤字、效率低下等问题,国家通过降低给付、私有化、提高社会资本融入等措施予以改善。[1] 在此过程中,给付行政由原来的国家为唯一的给付主体演变为国家为主要的给付主体,公共行政组织为辅助的给付主体,这既是给付行政社会化的表现,也是释放行政权力的过程。给付行政的发展过程以行政权力的释放程度为标准,大致可以分为以下三个阶段:行政特许经营、给付行政民营化以及社会自我赋权。

1. 行政特许经营阶段

根据《基础设施和公用事业特许经营管理办法》(下称《办法》)的规定,该《办法》所称的基础设施和公用事业的特许经营是指授权法人或其他组织提供公共产品或公共服务,被授权人的选取采用竞争方式,授权方式为通过签订行政协议,授权内容为法人或组织可以投资建设运营基础设施和公用事业并取得收益。特许经营的引入的最大意义在于打破政府在提供公用事业上的垄断,充分发挥政府部门与私人主体各自的优势,通过合作的形式开展公共事业和公共服务的建设。行政特许经营主要用于公共产品和公共服务提供的领域,主要包括城市供水、供气、供热、污水处理及公共交通等领域。但在我国大陆地区则是从 20 世纪 90 年代初期开始兴起行政特许经营的尝试,经过几十年的发展,公用

---

[1] 林万亿:《社会福利》,台北五南图书出版公司 2012 年版,第 123—124 页。

事业特许经营从沿海发达城市传递至东北、西南、西北等内陆城市，国家通过实施法律及法规、积极政策等手段鼓励社会资本参与投资、建设、运营公用事业，以向社会大众提供更好的公共服务。

根据《城镇排水与污水处理条例》的规定，国家鼓励政府以多种形式吸引社会资本参与到城镇排水与污水处理中去，但是不管以何种形式的参与，都应当签订维护运营合同以明确双方权利义务。其中主要程序包括政府进行项目招标，符合条件的投标人可以参加竞争，经过招投标程序后双方签订特许经营协议，明确权利义务、服务标准、特许经营范围等内容。国务院 2012 年公布的《关于城市优先发展公共交通的指导意见》，鼓励积极拓宽投资渠道，通过多种形式推进公共交通投融资体制改革。与上述城镇排水与污水处理的程序类似，通过招投标、签订行政协议等程序确定相对人的特许经营权。

2. 公共服务民营化阶段

给付行政民营化是较为广泛的概念，其中以公私合营和购买公共服务较为典型。公私合营是一个较广泛的概念，并且其表现形式也较为复杂多样。主要表现为公私资产的合作，包括政府与私人共同出资设立新的合资公司、政府出资参与私人已经建立起来的民营事业、将现有的公用事业的部分资金转移给私人，形成政府与私人投资合营。其中，若公私合作以成立机构为基础，那么就具有机构性质。在此性质影响下，新成立的机构相当于混合经济公司，政府相当于该公司的股东，同样拥有股东投票权。若公私合作的基础为合同，则具有合同性质。因现代国家行政任务的多样性而强调行政行为的机动、灵活、效率、沟通等性质。[1] 行

---

[1] 翁岳生编：《行政法》（上册），中国法制出版社 2002 年版，第 69 页。

政行为方式的多样性及行政相对人利益诉求的多元化为行政协议渗入行政行为提供了契机。在公私合作模式下的行政协议不仅是二者合作的基础和表现形式,也是规范公权力行使的方式之一。

由于实践中公私合营模式的复杂性和变动性,难以形成统一的概念和稳定的模式分类。但是可以从中窥探出公私合作具有以下特点。首先,行政机关在二者合作中的影响力较大。以混合经济公司为例,按照公司法,股东拥有股权的多少将影响其表决权。但是在公私合作中,若政府占资较少,并不直接影响其决策权的行使或决定的影响力大小。因此,在公私合作中政府拥有比较大的影响力。其次,形成公私合作的重要动因之一为引入市场规律。政府为完成行政任务、提供更好的给付内容,在资金和资源有限的情况下引导市场主体参与市场竞争,借助私人力量完成给付行政任务,此为公私合作的重要原因。最后,政府借助私人力量的种类会影响模式的生成。政府可能会借助私人的资金、机构、人力等资源,借助不同的私人力量,这将会影响公私合作模式的最终生成。如只是短期借助私人的人力资源,可能会形成项目合作中的非正式合作,或者借助私人的经济力量,则可能形成混合经济模式。

政府购买公共服务即指政府对于要完成的公共服务目标,不再亲自履行或给付,而是通过契约等形式交由有资质的社会组织或市场主体完成,政府支付相应的资金。从购买主体、购买方式、购买过程来看,似乎归属于狭义的政府采购。但是就其购买内容、持续时间来看,相较于政府采购法中的采购项目,购买公共服务也存在其特殊性。❶ 目前针对政府购买公共服务的规范散见于《政

---

❶ 周佑勇:《公私合作语境下政府购买公共服务现存问题与制度完善》,载《政治与法律》2015 年第 12 期。

府采购法》、购买服务的指导意见、各省市向社会力量购买服务的实施意见或暂行办法等。为进一步认识在给付行政领域政府向社会力量购买的公共服务，本书在内对实践状况进行初步的分类和概括。

第一类为直接购买。直接购买公共服务就是狭义的政府购买，政府从相对人处以购买、交付的方式购买公共服务。根据《关于政府向社会力量购买服务的指导意见》的规定，购买主体为各级行政机关和参照公务员管理办法的事业单位，以及具有行政编制管理的特殊群团组织。承接主体为经过合法登记的社会组织、企业、机构等社会力量。购买内容为应突出公共服务等公共性和公益性，包括多种公共服务领域。购买机制包括完整的购买程序、购买形式、购买期限等内容。

各地区由于存在地域条件、财政支出等因素的差异，各地购买公共服务的内容和方式都有所不同。上海为较早开展购买公共服务工作的地区，早在1996年上海市罗山市民休闲中心建成后将其委托其他组织管理，并在1998年将政府养老服务也一并委托出去。2007年浦东新区发布相关政策购买公共服务，直至2012年经市政府批准实施了相关购买公共服务的政策，至此基本建立了比较完整的政府购买服务制度体系。由于上海有一定数量的农民工，务工人员的子女上学成为城市提供公共服务亟待解决的问题。由于户籍制度、资源分配等因素导致的农民工子女上学难问题，因此教育服务成为上海市购买公共服务的重要内容之一。通过购买"学位"、委托管理、购买评估等途径完成购买教育公共服务，并取得显著效果。[1] 相比之下，广西壮族自治区政府购买公共服务开

---

[1] 俞晓波：《地方政府公共服务购买的实践与发展趋向——以上海浦东购买教育公共服务为例》，载《天府新论》2012年第3期。

始较晚，发展较慢。2014 年该自治区审议通过并实施《关于推进政府购买服务工作的实施意见》，至此明确正式开始试点工作。广西壮族自治区经济发展速度相对缓慢，基础设施、人民生活水平、就业状况等为社会发展的短板。❶

第二类为间接购买。间接购买为购买方式中的一种，也是购买机制中的一环。政府与承接人不以购买的方式与相对人产生需求与供给的关系，其中典型的包括补贴、补助、贴息。补贴是指国家为了促进、改善或者扶助特定产业的发展而给予的财政支持。补贴是以激励为导向的经济制度，同时也是维系社会公平与正义的法律制度，包括给付型补贴和减免型补贴。❷ 行政资助与补贴有实质上的区别，行政资助是指行政主体通过无偿提供资金，引导私人、企业的发展方向。广义的行政资助还包括对青少年的保护和培养，提供知识和经济性的帮助。❸ 贴息的实质仍然是补贴，政府代企业支付部分或全部贷款利息，可以采取直接向企业支付该部分利息，也可以采取向银行支付利息的途径。其中，行政主体对于贴息对象、贴息金额、贴息率等内容有较大的自由裁量权。❹

政府间接购买公共服务主要是购买就业岗位。政府直接给予银行财政支持、贴息补贴或是向银行划拨财政偿还企业贷款利息，将促进经济发展、助力企业成长、提供就业岗位。也就是说，从

---

❶ 据统计，2018 年广西计划购买服务预算资金为 58.48 亿元，总体规模仍然较小，2017 年政府购买服务支出仅占全区一半公共预算支出的 0.9%。重点领域包括购买棚户区改造服务、养老服务、公共文化体育服务。访问地址：http://www.gxzf.gov.cn/zt/jd/jjgxwszf/zwfw/zxdt_27955/t978335.shtml。访问时间：2021 年 3 月 22 日。

❷ 杨解君、杨高臣：《打造从政策到法律的补贴制度升级版——以新能源汽车骗补为切入点》，载《江西社会科学》2017 年第 5 期。

❸ 王贵松：《行政资助裁量的正当化规制》，载《学习与探索》2008 年第 6 期。

❹ 张红：《财政贴息的行政法思考》，载《行政法学研究》2012 年第 4 期。

目的导向角度出发，政府间接购买公共服务的逻辑为：政府提供补贴助推企业发展，企业提供更多就业岗位。也就是说，从公共利益角度而言，政府让国家财政在市场上流动，使资金能够达到运转、流动的效果，推动企业的健康、持续运转，并提供就业岗位，财政福利惠及企业与人民，实现资金利用率最大化。针对地域差异，政府补贴对象、形式等有所差异。如北京市2018年度的创业补贴政策中，包括资金支出和信息化补贴，这些补贴项目也间接助推了社会中的灵活就业，灵活就业是新就业形态，是与虚拟网络和实体紧密结合并伴随互联网进步与平台化发展而生成的就业模式。❶ 其中，新就业形态的生成、发展与政府补贴新业态或者信息产业的发展有着密不可分的关系。相比之下，处在内陆地区的广西壮族自治区，新业态发展相对落后，作为财政增长的主力军的制造业既是政府补贴的对象，也是提供大量就业岗位的主体。以获得大量政府资助的五菱公司为例，2018年上汽通用五菱带动就业人数超过10万人次，在经济发展中发挥了重要作用。

一方面，这是政府角色转换的过程，国家角色转变也呈现阶段性。以公私协作方式实现国家给付行政目标的行政行为方式，改变了行政法体系中的许多内容。行政任务交由私人履行，行政机关由直接履行主体变为间接履行主体，行政主体承担了介入、影响、监控、担保的责任。与此同时，政府职能也发生转变，政府承担了更多的公共服务职能。政府职能转变、国家角色变化形成以担保行政为中心的行政法体系变革。在行政法学体系建构、发展的过程中，国家角色的转变分为以下两个阶段。

第一阶段为行政主体亲自履行给付行政任务。在奉行政府不

---

❶ 吴江：《新时代促进灵活就业政策及其实施效果评价》，载《财经问题研究》2019年第2期。

应对社会进行干预的理念下，政府承担任务有限，在侧重干预行政的同时不过多渗透公民生活，此时行政主体亲自履行行政任务。也就是说，行政任务仅限于维持国内治安、抵御外族侵略、外交等少数领域，在行政任务总量不大的情况下，干预行政不宜由私人承担，于是行政主体还是主要的行为主体，对行政任务承担履行职责。所谓履行职责，要保证职责的正当履行、正确履行和及时履行。❶ 其中，行政主体必须负担组织、人事、预算的责任。在此过程中私人力量可以参与进来，但仅可作为行政助手或参与形式性质的内容，私人最终并不承担责任。

第二阶段为行政主体担保给付行政任务的顺利完成。随着社会、经济的迅速发展，社会矛盾越来越多也越来越尖锐，面对社会中的失业和贫困现象，国家选择渗透入公民生活以缓解公民此类困境。正如上文所述，国家为提供公共设施和社会保障而建立起相关职能部门，公民对此类部门也产生了较强的依赖性。也就是说，行政任务和行政事务不断增加和变得更为复杂，为应对大量增加的给付行政任务，满足公民的需求，建立起大量的行政机构对社会事务进行管理，行政机构的膨胀和冗杂，可能带来的是行政效率的低下和权力的寻租。若为了缓解行政压力、提高效率而将给付行政任务全部交予私人，私人主体的逐利性可能会对公共利益造成负面影响，为寻求解决办法，公私协作应运而生。

国家从承担履行责任转变为担保责任，国家角色的转变与行政任务有着密切关系。有学者认为国家对行政任务具有全面管辖权。也就是说根据国家任务论，原则上，国家对于任务之设定与放弃具有全面管辖权。但一旦国家将特定任务之执行责任透过实

---

❶ 关保英：《行政主体拖延履行法定职责研究——以政府法治为视角》，载《山东大学学报》（哲学社会科学版）2017 年第 3 期。

定法自揽于身时，并不当然意味着国家须自己履行。易言之，国家在任务上之全面管辖权并不会导致手段上之"单独管辖权"。❶基于国家对行政任务具有的全面管辖权，国家对行政任务的履行责任转变为担保责任，最后形成对行政任务的计划责任。也就是说，计划责任包括国家对给付行政任务的认识、设定、履行、担保等，基于资源共享的制度制订行政计划。

另一方面，这是不断打破权力垄断的过程。许可是在特定情况下解除法规规定的一般相对禁止，使其可以合法地进行一定的事实行为或法律行为的行为。❷ 从权力本身来看，行政许可是打破国家权力垄断的行为，将部分相对人或部分行为从禁止的状态解除，是民主进程和行政法治化水平提高的表现。"特许又是要求获得进行某种活动的短期垄断权，特别是采用拍卖机制来控制市场准入。"❸ 获得特许经营权的相对人和领域更为有限，在一定程度上将国家的垄断权在一定期限内赋予相对人。给付行政任务民营化进一步打破行政权力垄断的标志性事物是行政协议。行政协议的出现使得行政主体与相对人处于对等位置，就协议事项达成合意。给付行政任务民营化的过程中广泛采用的购买协议、政府特许经营协议，行政权的表现形式虽然有所不同，但是行政权力都有所松动和削弱，也就是行政权在各类行政协议中的"浓度"不一样而已。❹ 行政权力分散于行政协议的订立与履行两个阶段，行

---

❶ 詹镇荣：《民营化与管制革新》，元照出版公司 2005 年版，第 31 页。
❷ ［韩］金东熙：《行政法Ⅰ》（第 9 版），赵峰译，中国人民大学出版社 2008 年版，第 207 页。
❸ ［英］卡罗尔·哈洛、里查德·罗林斯：《法律与行政（下卷）》，杨伟东等译，商务印书馆 2004 年版，第 511－512 页。
❹ 韩宁：《行政协议判断标准之重构——以"行政法上权利义务"为核心》，载《华东政法大学学报》2017 年第 1 期。

政权可以表现为公法上缔结合同的权力或者以协议形式表现的行政许可权。虽然行政权力依旧存在，但是相对人在协议履行过程中掌握了一定的经营权和决策权。上述两种行为虽然都表现为行政权力有所松动和释放，但是相对人要获得一定的公共权力还是需要通过许可、授权或委托等途径，相对人的权利基本上通过制度安排和规则赋予获取，仍处于被动获得公共权力的阶段。

CHAPTER 04 >> 第四章
共享经济视角下的政府监管

普遍性监管在以保障"公共利益"的实现为目标的同时,许多监管形式反而损害了大众的利益。❶尽管行政机关仍想继续保持直接的监管、执法权力,但是为实现有效监管,须进一步改变传统先发制人的"命令－强制"监管模式。功能取向分析法源于权力分立制度,其功能不仅限于保障人权和维护国家权力的均衡,还包括要求国家事务的分担,因而可推导出最佳行政的理念,即行政专业、灵活、弹性、快速、效率等功用因素。❷即在具体国家事务的分担上可以依据"功能最适的组织结构"标准来进行组织结构、决定程序的划分。❸在本书的分析方法

---

❶ [美]史蒂芬·布雷耶:《规制及其改革》,李洪雷等译,北京大学出版社2008年版,第14—15页。
❷ 许宗力:《职权命令是否还有明天?——论职权命令的合宪性及其适用范围》,载《行政法争议问题研究》(上),五南图书出版公司2000年版,第341、356页。
❸ 李洪雷:《行政法释义学:行政法学理的更新》,中国人民大学出版社第2014年版,第380页。

与逻辑证成过程中，则认为在肯定行政机关职权命令合宪性的基础上，推导出监管权力和责任在政府、社会的配置所依据的是比较优势原理。

其中，法院也提供了差异性监管转型的方向。一方面，由于网约车经营活动社会危害性较小，而其有较为明显的积极性，应当在政府监管目标和保护新生事物之间保持平衡。❶另一方面，为构建多样化、差异化的出行服务体系，在不提倡以从前的立法意图来适用全新的事物的基础上，❷实行分级分类的差异化监管是监管权合法性的基础之一，❸"正是对传统出租车与TNP进行差异性监管才能凸显平等保护原则"。❹由此，提炼出以权责分配为中心的监管体系的构成。

第一节　政府监管理念和原则的更新

对共享经济的行政法治体系建设应当转型，机制、模式的转换最重要的症结在于目标、方向、目的、宗旨的界定错位，从而导致体系建设的错位。作为政府职能和职责所在，维护社会经济、秩序，保稳定、求发展是义不容辞的，但是同时要意识到最终目的是实现人的权利、尊严和福祉，不仅是为了发展而发展。所谓行政法治保障体系的建构，关键在于理念、原则的转变，使过去的行政管理模式向行政保障模式转变，最终实现以人为本的模式转换。

---

❶ （2016）鲁01行终103号，载《最高人民法院公报》2018年第2期，第45—48页。
❷ New Prime Inc. v. Oliveira, 139 S. Ct. 532, 539 (2019).
❸ 《国务院关于加强和规范事中事后监管的指导意见》。
❹ Illinois Transportation Trade Association v. City of Chicago, 839 F. 3d 594 (7th Cir. 2016).

一、共建共治共享理念

共建共治共享理念是总的理念指引。当社会共识、目标和手段都指向共享时，意味着要动员、依靠全社会的力量来实现合力之治，即是建立"五位一体"的社会治理格局的要求，也是实现全面共享、建立公共服务共享制的途径。从一定意义上讲，共享经济的兴起和行业的发展，意味着新技术平台的构建和行业组织的形成。技术平台所搭建的用户服务协议、行业规则是自治形式的表现和民间规则的体现。与此同时，这种科技进步所激发的社会需求成为新的需求方式，不断满足人们的理性需求，具有根本的正当性。所以，这种民间力量是共建、共治的力量和共享的主体。

（一）多元合作参与治理的理念

共享经济的崛起使得人们的思想观念、经济社会关系、生活方式等都发生了深刻的变化，在我们的日常生活中除了有更多的选择还带来了更多的问题。如果我们要持续发展共享经济、开发更多潜能、不断满足民众诉求，那么应当顺应时代发展和变革趋势。因此，确立多元合作参与治理的理念就显得十分重要。面对互联网技术进步带来的巨大福祉，我们除了要拥抱科技进步的恩惠外，还要注意其中可能产生的风险和局限性。那么，对其保持理性态度显得格外重要，尤其是政府应当充分利用行政权力来保障公共利益从而发挥监管作用。共享经济借助于网络技术的先进性，形成了平台一定的封闭性，进而给自己赋予了一定的公共权力。客观理性的做法是在这种新型的公共权力与公共利益、行政权力各方之间形成平衡，那么政府就自然而然成为调节利益的主体。在此调节过程中，政府既不再是公权力的垄断者，也不会对新型业态采取"一刀切"、放纵的态度，可能是共享经济借助于"极端的自我赋权"而为所欲为。那么，政府作为调节主体，形成多元平衡的治理状态就成了价值准则和理念基础。

当今，社会主要矛盾是发展不平衡、不充分的问题，在新业态蓬勃发展的情况下，出现了社会主体、治理空间的多元化，因而亟须社会治理模式的创新。公众参与社会建设有助于发挥社会力量，也是激发公众民主参与意识、培育良好社会价值观、提升社会自我协调和管理能力的基础。那么，倡导参与式的治理就显得十分关键，公众参与正是构建多元主体共同治理模式的总体要求。可见，只有实现多元主体参与式治理，才能缓和新技术革命与落后的规制法之间冲突，以更好应对时代发展带来的挑战从而实现制度变革和社会治理法治化更新。

（二）多元协同共建的理念

英国社会学家吉登斯提出了第三条道路的思想，倡导建立新型的民主国家，其中的关键是"民主制度的民主化"，即在公共事务上实现更大的透明度。这种新的民主参与形式在面对共享经济的颠覆过程中也遭遇了困境，在寻求市场与政府之间的平衡中加入了共享经济这一新的因素，这并非全然否定第三条道路的价值，而是要为实现这些价值和目标寻求不同的策略。因此，尊重多元共建、促进国家治理模式转型、实现民主参与是一种必然的趋势。

共享经济行业所形成的规则类似于淘宝网等网络购物平台所形成的自主规制、自律管理的方式，一方面，改写了维持社会有序运行的规则产生方式，此种民间制度产生方式是以社会需求导向为依托，凭借技术、群众力量的规则秩序生产方式对国家正式制度生产方式形成一定的冲击与博弈。另一方面，技术平台制度、民间软法已然成为国家制度规则中的一部分。技术平台的制度包括规定准入标准、协议履行方式、各方义务和责任承担方式等内容，发挥着弥补国家制度空白、细化国家制度规定的作用，形成了国家与社会之间的良性互动。事实表明，只有尊重技术平台的创新、共享经济的发展并探索共建的秩序模式，才能顺应共享经济法治化发展的要求。

一方面，强调破除政府垄断公共权力的模式，由于政府垄断决策过程中的信息资源和决策权力具有扩张权力领域的冲动，针对这种集权化的制度安排就是适当削弱、分散政府在政策制定中的决策权和行为过程的执行权。具体而言，分领域开放、授权、分权以改变科层制、集权式的治理体制，以共享权力为基础构建弹性化、扁平化的权力结构实现多元主体之间的合作。例如，借鉴新型的公私合作伙伴关系（public, private and non-profit actors, PNP），❶迥异于传统的民营化将权力主要转移托付于私人企业，政府委托融资中介机构，而融资中介机构又通过购买公共服务的行为将其生产权和供给权释放至私人企业，通过权力的层层释放和社会资金、资源的融入，政府依据服务的效果来履行供给和监督义务。

另一方面，从公民的角度来看，获得更完善公共服务的供给过程是实现共享的过程。从以共享经济完善公共服务供给这一角度而言，公民请求政府提供公共服务本质上是行使共享权，特别是在经济、社会快速发展的基础上请求共享国家发展成果。服务的效果和品质除了直接关涉公民的生存权外，更为关照的是共享权。公民有公共服务的选择权和获得权，为提高公共服务的质量、给社会提供更好的公共服务，应充分鼓励公共服务供给者之间展

---

❶ 李蕊：《公共服务供给权责配置研究》，载《中国法学》2019 年第 4 期。

开有序的竞争，这也是保障被服务者获得充分选择权的条件。[1] 良好的公共服务需要对公民的需求作出积极回应，保障共享权利关系到多元化、个性化公共服务需要的满足。除此之外，也强调公民有关于公共服务的知情权、安全权、求偿权、监督权。为捍卫公共服务的公共属性，保障供给质量，作为公法上的消费者，公民当然有权了解并参与公共计划、决策和监督。为保证公共服务共享制的公共性特质必须关注消费者权益的实现，该机制应当居于开放性，创设消费者知情、求偿、监督机制。

二、助推理念

助推理念是规范行政行为的主要导向。政府进行监管的一个重要原则为监管与服务相结合，更倾向服务于共享经济。政府部门应当更关注自身体系建设和行为规范，为共享经济的发展提供良好的营商环境，如破除监管分散、权责不清的局面，建立相应的配合、协调机制，在实现政府监管精准化和智能化的同时实现成本最优化、效能最大化、干扰最小化。

以灵活助推的理念来看待共享经济，实际上是在法治的"供给"和"需求"之间进行适度的平衡和协调。政府出于维护传统行业秩序和公共利益的原因以干预形式来监管共享经济，但是并未认识到在自由交易的市场中，不乏因市场的创新和进步所引发的资源重新配置的事例，此类颇具创造性的毁灭也是促进整个社会进步的方式之一。[2] 从维护传统市场秩序角度，应优先发挥市场

---

[1] [英] 朱利安·勒·格兰德：《另一只无形的手：通过选择与竞争提升公共服务》，韩波译，新华出版社2010年版，第10页。
[2] [美] 约瑟夫·熊彼特：《资本主义、社会主义与民主》，吴良健译，商务印书馆1999年版，第146页。

经济的自我调节作用。虽然说社会公益的保障也离不开行政权力的介入，但是行政权力也有力有不逮的状况。在"陈某案"❶中，法院认为行为人的行为违反了《山东省道路运输条例》等相关规定，构成未经许可擅自从事出租车客运经营，但是考虑到科技进步激发的社会需求、市场创新等因素，对其行政处罚和司法审查应当进行多方衡量。在法律涵盖不足的情况下，法院也不能做过度审查，不能动用行政或司法强制力压倒以互惠为基础的自发性秩序。❷ 当市场创新与法律规定、公共利益等内容产生融合和冲突的关系时，干预行政的方式也存在一定的局限性。

灵活助推方式即以促进和激励的政策来影响市场主体作出合理选择，侧重于用给付行政的行为来影响共享经济。❸ 以灵活助推方式可以实现行政权力、公民权利之间的平衡，强调行政行为以服务为导向，包括对公民的权利和尊严的保障。以助推型的方式来推动共享经济发展，核心内涵即用柔性、给付的方式来实现社会公平正义。统筹社会供给力量、调节社会多重法律关系、构建公平正义的分配体系。除了摒弃管制型、人性恶的思想外，还应以现代文明建设为基点，使民众和政府不再呈现对立状态并共享资源和社会发展成果。

三、分级分类监管理念

美国学者也认为共享经济的特殊性要求用差异化监管回应。

---

❶ "陈超诉济南市城市公共客运管理服务中心管理行政处罚案"，载《最高人民法院公报》2018 年第 2 期。
❷ See Lon L. Fuller, The Forms and limits of Adjudication, 92 Harv. L. Rev. 353, 386 (1978).
❸ 刘晗：《分享经济平台的社会公平问题与规制重构》，载《行政法学研究》2020 年第 1 期。

就像出租车和酒店业这些受到破坏的行业一样，几十年来，它们自己的监管机构都致力于解决其特有的健康和安全问题，它们的共享经济类似物也要求采取不同的监管对策。例如，适用于监管 Uber 的各种解决方案不太可能适用于监管 Airbnb。因此，在考虑对共享经济作出监管回应时，监管者需要首先了解被扰乱的细分市场以及共享经济平台正在创造哪些新市场。有了这些信息，监管者便可以开始考虑监管应如何应对，以允许共享经济部门的增长，同时也要考虑到所有选区的需求，并在法律规定的范围内创新构思。

此外，监管者不应以"一刀切"的方式与特定的新市场参与者进行一次性交易；相反，监管响应应该基于对共享经济平台进入现有市场的管制和对新市场的管制。例如，对乘车共享的监管应对措施不应仅基于以市场为主导的公司，如 Uber。相反，城市应该进行更广泛的分析，考虑共享经济技术对运输服务的总体影响。这种变化可能牵涉出租车和豪华轿车，但也可能涉及诸如 HOV 车道，拥挤定价机制等政策和计划。与以市场为主导的参与者合作可以用来制定监管的手段，而互联网技术的快速商品化意味着这种市场支配地位可以迅速消失。监管机构需要花一些时间来理解技术对现有和新市场造成的变化的复杂性，以便作出有效响应。

四、包容审慎原则

胡锦涛同志于 2009 年在亚太经合组织上的讲话中提出了以"包容性发展"的理念来化解经济社会矛盾并推动社会、经济的变革，以该理念为中心发展出了一系列的概念和理论。2013 年国务院原总理李克强同志在十二届全国人大一次会议期间强调把改革红利、内需潜力和创新活力结合起来以形成新动力。2014年亚太经合组织论坛期间，习近平总书记表示应惠及亚太地区。2016年中国政府倡议共同努力构建创新、活力、联动、包容、平衡、可持续的世界经济。2017年在"一带一路"合作论坛中，中国政府再次强调开放、包容的"丝路精神"。❶ 相应地，发展出了"包容性增长""包容性发展""包容性制度"等理念。

（一）经济学中的包容发展理念

包容性发展这一概念出现于经济学学科中，是经济制度中的一种理念。在经济学界，对于包容性发展的内涵和外延都各有分说。❷ 从以上见解中我们也可以判断包容性发展概念所包含的核心要素，强调为大多数公民提供一个公平的（近似相等的机会）竞争环境和一个安全的制度结构，如保障财产权。除此之外，应着重于经济的增长，促进经济领域的新陈代谢，国家建立起相应的制度保护创新、促进发展，如鼓励对新技术的投资。❸ 与包容性制度相对应的是汲取性制度。宋朝的经济增长是在汲取性制度下实现的，宋朝的伟大发明不是在市场激励的作用下产生的，而是在政府的帮助甚至命令下发展出来的，这无关商业。在明清时期，

---

❶ 赵施迪：《包容性制度演化研究》，南京大学2017年博士学位论文。
❷ "包容性发展理念的形成经历了从亲贫式增长到包容性增长，继而上升至包容性发展理念的过程。"（王汉林：《"包容性"发展的社会学解读》，载《科学·经济·社会》2011年第4期。）"包容性发展就是要让全体社会成员都能公平合理地共享发展的权利、机会特别是成功的一种发展，其中共享性是其主要特征。"（邱耕田、张荣浩：《论包容性发展》，载《学习与探索》2011年第1期。）"包容性发展强调一国国内的发展机会平等，发展成果共享以及经济社会的协调、可持续发展。国际社会以及国家间机会均等，合作共赢的发展以及发展模式的包容，成果的共享和发展条件的可持续性。"（袁达松：《走向包容性的法治国家建设》，载《中国法学》2013年第2期。）
❸ 文汇学人编：《洞见：我们这个时代的思想判断》（世界中国卷），上海人民出版社2015年版，第153页。

国家权力更加收紧，专制统治者反对变革而寻求稳定，从本质上讲是害怕创造性破坏。明清时期远洋贸易活动不频繁，甚至被禁止，闭关锁国导致了经济的停滞。统治阶级对创新的支持力度很小，以牺牲商业发展和国家繁荣来换取政治稳定。汲取性制度并不服务于公共利益，而是服务于特权阶层。一方面，从民众中汲取财物使权贵获益；另一方面，妨碍或拒绝经济改革、社会革新以保持政权的稳定性。

与包容性发展理念相对应的是包容性经济制度。包容性经济制度与政治制度之间也有着动态的正反馈，使得该做法具有很大的吸引力。包容性经济制度促进了包容性市场的发展，包括资源分配更为高效、受教育与获得技能的积极性更高、技术上进一步创新，为包容性政治制度的繁荣提供了基础，而包容性政治制度则限制了包容性经济制度的偏离。❶ 包容性经济制度不仅作用于经济，而且倾向于相互支持形成一种良性循环关系。也就是说，包容性经济制度对经济的长期发展起促进作用，并且由于权力未过于集中在小部分人手里，形成了权力的约束和制衡，财富和权力的分布则更为广泛。❷

（二）法学视角的包容审慎原则

发端于经济学的包容性制度在时代的变迁中，在法律环境里被赋予了法学新内涵，也就是对包容性原则的诠释与适用。包容审慎原则的内涵既为经济发展成果提供法律保障，也为降低发展代价提供规制；既为创新、投资提供制度环境，也为消费者利益

---

❶ ［美］德隆·阿西莫格鲁、詹姆斯·A. 罗宾逊：《国家为什么会失败》，李增刚等译，湖南科学技术出版社 2015 年版，第 234—241 页。

❷ 范世涛：《包容性制度、汲取性制度和繁荣的可持续性》，载《经济社会体制比较》2013 年第 1 期。

提供保障。处理好实质公平与形式公平的关系，实现惩罚功能和激励功能相结合，保障增量突破与存量修改并行。❶ 包容审慎原则是经济发展的法律保障，也是行政法律体系进行自我更新、完善的方向。首先，应当形成良好、稳定的社会秩序，为经济发展和公民进步创造环境。因而，为了防止社会猝然陷入无序状态，需要政府发挥警察行政的功能，即必须有一定的权力，但是也要在社会变迁中进行政府革新。也就是从优化行政组织结构方面建设高效、公正、透明、革新的政府。其次，应当摆脱传统的单一中心化思维方式，换之以一种分散化、水平化的合作思维方式来进行政治体制组织，"我们追求相互依存、互相依赖法的整体"。❷ 多元化的政治体制正是对水平化、合作性的一种诠释，其包括政府的职能多元化，并且偏向于实现合作与普惠，给公众创造更多的价值和利益。转变政府的公共服务职能是多中心思维、水平化组织建构模式的实现路径之一。最后，实现广泛的公众参与。黑格尔认为个人是由特殊性与普遍性联系起来的。一方面，个人有特殊的需求，具有单个人的生计和福利。另一方面，个人只有通过普遍的形式并在满足他人福利的同时满足自己。因而，众人的福利、生计和权利是交织在一起的。❸ 个人参与到政治、社会或自我利益实现过程中非常重要，其必须充分参与到这个交织的社会中，只有这种透明、完整的联系才是现实且有保障的。行政正当程序让相对人充分参与到与其权利义务密切相关的决策过程中，建立起来广泛的公众参与。

---

❶ 胡元聪：《包容性增长理念下经济法治的反思与回应》，载《法学论坛》2015 年第 3 期。
❷ 张颂仁、陈光兴、高士明主编：《历史意识与国族认同　杜赞奇读本汉英对照》，上海人民出版社 2013 年版，第 123 页。
❸ ［德］黑格尔：《法哲学原理》，邓安庆译，人民出版社 2016 年版，第 329—330 页。

共享经济的出现打破了传统秩序，但是也提供了另一种形态的公共服务。2016 年实施的《十三个五年规划纲要》中指出要营造开放包容的人文环境、共创开放包容的人文交流新局面。开放包容的态度反映了共享经济发展的客观要求。包容审慎原则具体包括协同原则、辅助原则、预防原则和比例原则。

（1）协同原则。"协同"本来倾向于强调主体为行政机关，即行政机关之间的相互配合与联动，加强部门之间的联系，避免政出多门及权责不明。❶ 行政体系高效运转不仅强调分工明确，也讲求协调配合，一项事务的完成或政策的贯彻执行需要多部门的配合，在权责清晰的基础上协同发展更为重要。除此之外，随着科学技术的发展、电子政务进程的加快，行政过程逐步实现电子化，在电子的传送、对接的过程中更多的则是体现行政机关之间的配合以打通数据、信息壁垒，合作比分工更为重要。除了强调行政协调机制，机构本身更需要同市场、社会互动。❷ 行政主体、社会主体或其他主体之间在一定程度上发生交互的作用，为了提高社会运转效率、增强社会风险防范能力，应当建立沟通、妥协、合作、共享等机制。❸

（2）辅助原则。警察法中的辅警制度、环境法中的合作治理制度等私人主体充当辅助性角色的现象扑面而来，私人越来越多地参与到行政任务中，发挥辅助、参与的作用。辅助原则为逻辑基础时国家的能力是有限的。其涉及国家和私人的经济关系。只有当私人经济没有能力有序高效地完成某一任务时，国家对经济

---

❶ 袁曙宏：《建设职责明确、依法行政的政府治理体系》，载《中国司法》2018 年第 5 期。

❷ 高杭：《教育行政执法协同性：模式、问题与推进路径——基于当前改革实践的案例研究》，载《华东师范大学学报》（教育科学版）2016 年第 3 期。

❸ 杜庆昊：《数字经济协同治理机制探究》，载《理论探索》2019 年第 5 期。

的调控才予以考虑。❶ 除此之外，德国和日本等国家都有相对成熟的理论和实践，并应用于给付行政中。即不以完全的服务、福利提供为基础，崇尚个人负责的思想，鼓励社会团体、民间机构加入对社会整体的福利提供中来，国家担负辅助的责任。❷ 辅助原则在给付行政上的运用：一方面，强调私人的广泛参与。也就是在个人与团体以及不同层级团体之间的权限分配中，重视并优先让个人或较小的下位组织处理。❸ 另一方面，强调行政权力的下放、国家角色的转变。私人参与到行政任务中进行相应事项的处理与协调，必然会涉及行政权力。行政机关可通过授权、委托等形式将行政权力传递于私人，但是更为重要的应当是将行政权力下放、释放于私人、社会中，国家承担担保的责任。

（3）比例原则。比例原则是指审查适当性、合目的性的要求，特别是在新型案件的第一次审查中或者对不同案件作不同处理时，比例原则发挥着重要作用。❹ 在包容性原则中强调比例原则的内容和适用，重点在于肯定以比例原则适用于共享经济或者从给付行政视角审视共享经济，即应对共享经济作适当和合目的的调控，在行使公权力与保护公民权利之间达到最佳的平衡状态，取得一个最优比例。❺ 在包容性原则中，比例原则既是目的也是途径，为保持权力与权利的最佳平衡，行政机关的组织结构形式、行为方式及正当程序都应当有所优化，也只有进行优化、取一个最优比

---

❶ ［德］罗尔夫·斯特博：《德国经济行政法》，苏颖霞、陈少康译，中国政法大学出版社1999年版，第142—144页。
❷ 陈桂生：《基于辅助原则的行政立法效益研究》，载《法治研究》2009年第9期。
❸ 章志远：《辅助行政执法制度比较研究》，载《政府法制研究》2015年第11期。
❹ 杨登峰：《从合理原则走向统一的比例原则》，载《中国法学》2016年第3期。
❺ 张化冰：《网络空间的规制与平衡——一种比较研究的视角》，中国社会科学出版社2013年版，第60页。

例才能切实实现包容互惠。

国外学者同样认为，大多数共享经济公司经常明显违反地方政府的法令和州法规。大量侵权行为越来越成问题，不仅仅因为经济的增长是非法的。当越来越多的经济活动是非法的时，它将迫使该经济活动进入地下，在这种情况下，人们更难于理解经济活动的性质。被允许在法律阴影中徘徊的经济体也有可能遭受更多邪恶的不法行为。正如一个世纪前的布兰代斯大法官指出的那样，"阳光是……最好的消毒剂"。由于这些原因，共享经济需要日光照射，并进入合法化的交易世界。

第二节　监管主体多元化

共享经济的迅速发展打破了传统的以政府为主导甚至唯一治理主体的法律制度的平衡，倒逼治理体系的重构和完善。政府、市场、社会组织在结构、功能等层面的互补性决定了必须通过多元协同治理方能应对共享经济的挑战。探索社会组织的持续成长和发展、市场的共同参与的协同治理机制需要在政府、平台和参与者之间重新分配治理权力和责任。

一、发挥社会组织的作用

自改革开放以来，社会组织大量兴起，经过漫长的发展岁月形成了重要的、极具代表性的民间参与力量，参与国家、社会的建设和发展。一方面，对于国家构建和社会塑造而言是一股重要的辅助力量。另一方面，它是一种"在特定地理区域内，基于共同语言和文化基础上的，共有的国家认同的形式"❶，这种社会认同、民间参与的复杂整合形式与国家之间形成了特殊的张力。因而，这种双面性在其发展和功能上都体现了一定的时代性和政策性。

（一）社会组织的概述

第一，社会组织的内涵。传统上，我国关于社会组织的称谓较为混乱，有"非政府公共组织""民间团体""社会团体""非营利组织"等，各个学科根据专业需要和习惯对其有不同的称谓，在显得混乱的同时也不方便各学科之间的沟通。党的十六届六中全会通过的《关于构建社会主义和谐社会若干问题的重大决议》中提出了社会组织的概念，在夯实社会和谐的法治基础中要规范社会组织，健全社会组织，增强服务社会的功能。"社会组织"这一概念逐渐取代了原有的"民间组织"概念。党的十七大报告进一步明确了此概念，在增强社会活力的目标下社会组织形式发生深刻变化，要求充分发挥社会组织的作用，重视其建设和管理。报告从目标导向、形式内容、功能作用、建设管理四个方面明确了此概念。国务院 2016 年发布了促进社会组织建构和发展的指导意见，这是对社会组织这一概念进行确定和发展的重要意见，内容包括社会组织的重要性、工作原则、建设方式和发展政策措施。"应进一步加强社会组织的建设，以便进一步激发社会组织的活力、改革实施组织管理制度并促进其有序健康发展"❷。

社会组织这一概念是对非政府公共组织、第三部门等民间组织等称谓的改造或统一，是不同学科进行理论交流和实践互通的

---

❶ ［美］德里克·W. 布林克霍夫：《冲突后社会的治理：重建脆弱国家》，赵俊等译，民主与建设出版社 2015 年版，第 41 页。
❷ 《关于改革社会组织管理制度促进社会组织健康有序发展的意见》。

基础，是对该类组织基本属性和主要特征的科学概括，是在政府与企业之外发挥特定社会功能的具有非营利性、非政府性、志愿公益性或互益性特点的组织机构。❶ 因而社会组织主要包括三类：民政部门注册登记的"民间组织"，在工商部门登记获得企业法人资格的公益事业组织，外国商会或外国 NGO 在中国所设的项目机构。❷ 截至 2017 年底，全国共有社会组织 80.3 万个，比 2016 年增长 14.3%。❸ 正如莱斯特·萨拉蒙所言："我们正置身于一场全球性的'结社革命'之中。历史证明，这场革命对 20 世纪后期世界的重要性丝毫不亚于民族国家的兴起对于 19 世纪后期世界的重要性。其结果是，出现了一种全球性的第三部门，即数量众多的自我管理的私人组织，它们不是致力于分配利润给股东或董事，而是在正式的国家机关之外追求公共目标。"❹

第二，社会组织与行政组织的关系。社会组织一般应具有非营利性、非政府性、志愿性、公益性和互益性，因而从严格意义上来说，非政府公共组织不是政府的附属机构，与政府不应存在隶属关系，但是在我国实践中情况较为复杂。现阶段的社会组织事实上包含受政府支配的与独立的两类。其中受政府支配的社会组织主要是在"自上而下"的路径中形成的，在政府主动组建或主导下成立和发展起来的社会组织。受政府支配的社会组织与行政组织之间存在一定的隶属、依附关系，带有一定的"官方色彩"。

---

❶ 何水：《社会组织参与服务型政府建设：作用、条件与路径》，中国社会科学出版社 2015 年版，第 26 页。
❷ 崔玉开：《"枢纽型"社会组织：背景、概念与意义》，载《甘肃理论学刊》2010 年第 5 期。
❸ 访问地址：https://baijiahao.baidu.com/s?id=1600608806765242088&wfr=spider&for=pc，访问日期：2019 年 10 月 1 日。
❹ 何增科：《公民社会与第三部门》，社会科学文献出版社 2000 年版，第 243 页。

独立的社会组织与行政组织之间是合作和互动的关系。一般以自下而上的形式发起，自其产生之日就表现出了与行政组织相对分离的性质，其非营利性、非政府性、志愿公益性或互益性等特点较官办社会组织更为明显。由于未得到政府的特殊帮助，因而也不接受政府的控制与支配，在独立性较强的同时其规模、影响力等也较为有限，往往难以与政府的公共管理、公共服务形成有效衔接。现阶段仍未与政府形成互动、互补和相互依存的合作关系，政府对社会组织仍未形成放权、信任的意识，更倾向于以管理、支配、控制来取代培育、引导和监督。

第三，国家对社会组织的构建策略。社会组织具有双重性，是一把"双刃剑"，一方面政府对社会组织的监管有其必然性，另一方面也不能遏制社会组织的诞生与成长。因而，在行政权力"管"与"放"的徘徊之中出现了构建政策上对其监督管理与培育扶持。对社会组织的监督管理主要以登记为代表，最初对社会组织的登记制度是双重管理体制。1950年9月原政务院发布的《社会团体登记暂行办法》，其中对团体类别、登记程序等事宜作了规定。1951年原内务部颁布了《社会团体登记暂行办法实施细则》，全国性的、地方性的社会团体各自向原内务部或地方人民政府申请登记。针对社会组织泛滥的问题，1989年10月国务院颁布了《社会团体登记管理条例》，规范了登记的相关事宜。1998年国务院颁布了《社会团体登记管理条例》《民办非企业单位登记管理暂行条例》，2004年国务院颁布了《基金会管理条例》，形成了人民政府登记管理、业务员主管单位审批同意的制度，也就是"登记机关"和"业务管理部门"双重审核、共同负责的模式。❶

---

❶ 具体体现为"归口登记、分级管理、双重负责"。

社会组织既有其存在的必然性，也有其重要功能性，各级政府也有一定的培育扶持政策。近年来，地方各级政府重点加强培育扶持体系建设，重点是组织完善管理、设立社会组织孵化器。北京、上海、广东等地探索发挥"枢纽型社会组织"的作用，通过枢纽型组织的构建，来推动社会建设和加强社会管理。针对双重管理无形中提高的门槛、监管过程中的相互推诿等问题，取消业务主管单位的前置审批，社会组织登记不再需要找挂靠单位。2014年底，我国绝大部分省份实行或试点四类社会组织直接登记，全国已直接登记社会组织3万多个。❶ 对社会组织登记的审批环节也进行简化，2016年修订的《社会团体登记管理条例》取消了社会团体的筹备审批环节，积极简化社会组织的登记程序。设立社会组织孵化器是政府培育社会组织发展的创新举措，为初创期社会组织提供办公场所、办公设备、能力建设、政策辅导、启动资金、注册协助等方面的服务，促进优秀社会组织和公益项目的发展壮大。试点城市纷纷成立了市级、区级乃至街道级的社会组织孵化器，对培育社会组织起到了促进作用。

法治国家的建设不能只依靠国家的力量，而给付行政的发展也需要社会的更多参与。"脆弱国家所面临的诸多困难是源于这些国家的缔造过程，建立在西方人武断划分边界的基础上。这样不仅无法继续发展演变为一个更加成熟的实体，而且没有形成一个强大的、包容性的制度框架"。❷ 推进法治国家、给付行政法治的建设，社会组织无疑是其中一股重要的力量。就目前社会组织的发展状况来看，存在功能"不在场"的问题。并不是说社会组织

---

❶ 民政部：《2014年中国民政工作报告》，2014年12月28日。
❷ ［美］赛斯·D.卡普兰：《修复脆弱的国家：发展的新范例》，颜琳译，民主与建设出版社2015年版，第69页。

的不存在，而是指社会组织在法治进程中没有角色担当，实际上是一种功能性的"不在场"。尽管大多数情况下国家扮演的是规制的角色，但是也离不开与民间力量的互动、回应、反思、修正，来与社会互动平衡。❶ 而共享经济中的私主体只有充分利用社会组织的公共性，才能实现共享经济的公益性。也就是说，需要充分发挥社会组织的作用，在可能的情况下政府最好少用干预行政的行为方式，而是以社会组织的力量对私主体进行引导和约束。

（二）社会组织的作用

第一，平衡共享经济的公益性与市场性。尽管共享经济中有较强的公共服务精神，为人民生活提供丰富的、多层次化的公共服务，但是不可否认这仍旧是私主体的市场行为，市场机制存在的局限性会影响其提供公共服务的正当性和公益性。市场存在内在缺陷：缺乏效率和不公平，❷ 而无论在何时或面对多繁重的给付行政任务，公平、公正、公益性都是给付行政所追求的目标，也是政府存在的正当性基础，而试图通过市场效率、市场供给来完全取代政府的公正性和公益性是明显的矫枉过正。正是鉴于市场机制的局限性、逐利性，以此方式提供的公共服务、共享公共权力的行为也受到了质疑。

然而，社会组织的公共性、代表性、协同性可以在其中起到缓冲作用，在国家行政组织与社会组织之间发挥协同作用，在市场性与公益性之间建立缓冲和平衡。政府越来越多的公共职能要转移给社会组织来承担，公共性是政府和社会组织职能的交集，

---

❶ 马长山：《从国家建构到共建共享的法治转向——基于社会组织与法治建设之间关系的考察》，载《法学研究》2017 年第 3 期。
❷ [美] 约瑟夫·P. 托梅因、[美] 理查德·D. 卡达希：《能源法精要》，万少廷等译，南开大学出版社 2016 年版，第 22 页。

"引导社会组织建立发展,使其成为国家和谐、社会发展和文明进步的一种重要力量。"❶ 私主体因营利的本能而忽视公共利益,而在私主体根本未被赋予承诺公共任务、公共利益实现的情况下更会凸显追求自身利益最大化而忽视公共利益。社会组织的公共性体现为其公共言论生产功能与公共服务提供功能。❷ 这是一种多元主义公共性的代表,在主体多元化的基础上,以公私并进的形式来确立社会组织公共性的价值。

社会组织之所以能对私主体发挥作用或行政约束力,主要是因为社会组织具备代表性。其代表性很大一部分来源于其自愿性和自治性。社会组织的成立基于自愿、目标基于共同的意志和兴趣,贯穿于组织成立、活动和发展中的更多的是服务精神。社会组织在重视自治性的同时也强调其独立性,按照其自我意愿、不受行政权力的压迫而展开活动。一方面,社会组织代表私主体对企业进行监管和引导。这种监管力量与来自政府的监管有所区别,社会组织与私主体之间是平等的、利益取向是一致的,可以相互协商、相互信任,为谋求自由发展与接受社会组织监督之间能够形成良好的平衡性。另一方面,社会组织也代表了社会大众。其应当为不具备行政色彩的组织,对社会具有一定的公信力和动员能力,并以提供更好的公共服务为目标而获得社会的认可和支持。这是社会组织的必然状态,代表私主体和社会,获得双方的信任和支持,私主体是公共服务生产者,社会大众是公共服务受众,而社会组织充当传递、代表的角色。

---

❶ 孙伟林:《社会组织管理体制改革势在必行》,载《中国非营利评论》2013 年第 2 期。
❷ 唐文玉:《社会组织公共性:价值、内涵与生长》,载《复旦学报》(社会科学版) 2015 年第 3 期。

社会组织的协同性是衔接公益性与市场性的重要工具。从组织层面而言，参与共享经济提供公共服务这一项目中的主体包括政府、企业、社会组织和公众。从业务层面而言，企业涉及多领域的公共服务。从规则层面而言，政府希望构建协同、和谐的秩序，实施了相关的法规、规章等。从私主体分享到的公权力而言，私主体获得了公益安排、制度重建、信息数据资源的所有权和使用权。为防止出现私主体对信息数据的自然垄断而形成更强大的公权力，并实现政府与私主体之间就信息数据、公共服务资源形成交互作用、私主体制度重构同时注重权利保障，社会组织是这几个主体、几个利益冲突之间的协同者，在组织、业务、规则、利益层面进行协商并实现合作与共赢。

第二，塑造自律秩序。党的十八届三中全会明确提出，应当不断激发社会组织的活力，适合交由社会组织承担的事项、公共服务应当交给社会组织承担。党的十九大则强调推动社会治理体系向基层转移，这就要求充分发挥社会组织的调节、良性互动作用。除此之外，倡导社会组织协同塑造自律秩序的另一重要原因是防止出现"两级结构"的怪圈。所谓"两级结构"是认为"要么一盘散沙、要么集权卷土重来"的历史怪圈。在过去的管理中，政府之所以把社会组织当作政府的管理对象，是因为生怕它出乱子，给政府添麻烦，成为政府的异己力量，以控制和管理的取向为主，社会组织难以释放活力并发挥作用。但是对社会组织的放松管理又会出现"一盘散沙"的情况，社会个体无组织性、参与无纪律性，而导致分散的社会主体丧失或缺乏公共事务的表达和决策能力。

因而，行业自律秩序是在政府退出后维持行业秩序、社会秩序的重要因素。2019年国务院发布社会信用体系建构的指导意见❶，指出以加强行业自律来建立健全信用承诺制度。同年实施的事中事后监管指导意见❷中指出应当形成简约高效的事中事后监管体系及市场自律，提升行业的自治水平，国家辅助推动建立行业自律规范和公约道德标准。可见，行业自律是提高市场效率、优化营商环境、建立健全社会信用体系的重要举措，而社会组织在塑造行业自律、形成自律秩序中发挥重要作用。在国家倡导"共建共享共治"的同时，意味着要不断还权于社会、还权于民，赋予社会与人民更多的、实质的自由与权利。那么在政府逐步退出市场、退出社会后市场自由和市场秩序之间如何平衡。为填补社会秩序这一空缺，社会组织发挥了治理、参与、代表、自律规制，"制约公权力、保障私权利、化解矛盾冲突"的作用。❸

美国的监管在很大程度上取决于组织的自我监管，避免出现企业员工行为不端。政府无法任意侦查大型、复杂的企业，此外，政府有限的资源使它无法对每个公司的活动进行严格监控。具体而言，在过去的二十年中，伴随着公司组织规模和活动范围的扩大，政府监管计划变得越来越复杂，对行政机关更具有挑战性。为了回应这种更为复杂和合法性要求的监管环境，行业组织之间由内到外开始公司合作监管改革和运用大量"看门人"，去实现他们的自我规制效果。因此，"看门人"理论发挥了至关重要的作用，是公司治理过程中的关键组成部分。"在发生不当行为之前，应当对投资者和公众的信任负责，应确保被评估的公司在适当的

---

❶ 全称为《国务院办公厅关于加快推进社会信用体系建设构建以信用为基础的新型监管机制的指导意见》。
❷ 全称为《国务院关于加强和规范事中事后监管的指导意见》。
❸ 马长山：《智慧治理时代的社会组织制度创新》，载《学习与探索》2019年第8期。

道德，法规和法律范围内行事"。"看门人"中有许多公司，包括保证真实向公众汇报财务信息的外部监管员，以及内部监管不正当行为的委员会。许多"看门人"是公司独立于外部的局外人，他们利用其守门服务进行监管工作。

第三，社会组织的引导作用。社会组织之所以能够对私人主体发挥引导的作用，最重要的因素是社会组织的代表性。社会组织的诞生与发展与该行业、群体的利益息息相关，具有促进该行业发展的责任与使命，与私人部门之间形成命运共同体。主要内容包括推动行业发展，协调与其他行业甚至与公共部门的矛盾。因而，从利益代表性、公共利益性和公信力上而言，社会组织对私人部门的引导具有正当性、合理性以及必要性。一方面，社会组织的引导应当破除公众认可与政治认可之间的对立与割裂。社会组织应当为该行业、群体的代表，最重要的是得到公众的认可，其才能具备正当性。但是以社会组织发展的经验来看，政治正确处于导向位置，如果将公众认可和政治正确割裂开来或者形成对立难以发挥其作用。因而，首要的是破除、化解二者的割裂。另一方面，注重对私人部门提供公共服务、实现公共利益进行社会给付的引导，并维护私人部门的权益。相比政府的监管，社会组织的引导更具对等性与协商性。

二、监管主体之间的权责配置

共享经济的监管体系是平台、用户、政府三方共同参与下形成的合作体系，三方缺一不可。在这样的合作监管体系中，各监管主体的权责不同。

（一）在行政机关之间的分配

明确行政权力配置和事权划分的逻辑起点是进行权力配置的

前提。事权的合理划分，应遵循权力正当来源、权力向度多元互动、行使权力公正的要求。第一，权利本位是权力来源的正当依据。在历史进程中，政府权力不断扩大，包括满足人民文化、物质生活的需求，但是公民的基本权利是政府扩张权力的依据，[1] 其中重要的一个理论基础为权力让渡理论。正如洛克在《政府论》中阐述的一样，国家只能有一个最高的权力——立法权。但是立法权也只是为了某种目的而行使的一种受委托的权力，受委托来达到一种目的的权力必然为目的所限制，当这一目的显然被忽略或遭受打击时，委托必须被取消，因此社会始终保留着一种最高权力。[2] 基于此，政府的重要职责是建设服务政府，保障公民福祉的实现是权力存在和运行的价值和目标，法律、权力的运行等应当体现人民的意志才真正符合权力让渡的目的，这也是权力与权利相互转换的表现。[3] 伴随着政府职能的转变，权力和权利可以双向转化。如国家放松了经济管控，企业获得了经营自主权并且将部分监管权力转移给非政府公共组织。原来由单位提供的公共服务和社会保障转化为政府责任，从而扩大了公民的福利权利。在双向转化过程中，不仅厘清了双方关系，也体现了以权利为导向的权力、职能配置。

第二，行政权力的弹性转化是事权配置的合理限度。行政权力与权利的转化是权力配置改变的外在表现形式，而行政权力的弹性转化则是发生在行政机关的内部系统中。行政权力的弱化与强化实质为行政行为在作用领域及行为方式等多方面的调整，如

---

[1] 刘剑文、侯卓:《事权划分法治化的中国路径》，载《中国社会科学》2017年第2期。
[2] ［英］洛克:《政府论》(下篇)，叶启芳、瞿菊农译，商务印书馆2009年版，第94页。
[3] 石佑启:《论法治视野下行政权力的合理配置》，载《学术研究》2010年第7期。

在微观经济管理中合理界清行政权力与市场主体权利之间的界限,弱化行政权力的强制色彩,在释放行政权力的同时采用弹性、柔和的行政行为方式。而在公共服务、民主法治建设等民生领域则强化行政机关的作用,以高效性、优质性的行政行为满足市场经济发展、社会进步的多样化需求。总体而言,也就是行政法的维度发生了变化,包括行政权力的硬度、深度、宽度、厚度、广度等方面发生了量的变化,从而引发质的改变,构成新的行政权力的外壳。❶

第三,法治化分权是权力来源的基本要求。行政权力的分化与组合是行政权力与经济、政治、文化等因素同步发展的过程,也就是行政性分权与经济性分权之间的相互调整与组合,如经济秩序混乱需要调整时,行政权可以适时加强,因而在处理行政性分权与经济性分权的关系时,重点放在公共事业、文化事业以及社会治安方面,而对于财政、金融等方面的权力则采取较为谨慎的做法。❷事权法定包含了权力来源正当与正当行使权力两层内涵,与此同时也意味着与其密切相关的职能与责任也得到法律的规定。政府机关职能的发挥离不开财政的支持,财政权是行政权力运作的保障,而责任归属又是合法行使行政权力的要求。因此法治化分权不仅意味事权法定,还包括权能统一和权责同构。

(二)在行政机关与社会组织之间的分配

行政权力的分配不仅存在于行政机关之间,还包含在行政机关与社会之间的配置,如非政府公共组织。也就是说,行政权力

---

❶ 关保英:《论行政法中的行政权力的维度》,载《东方法学》2011年第6期。
❷ 汪玉凯:《中国公共行政权力结构调整及其特征》,载《国家行政学院学报》2000年第2期。

的配置呈现三角关系,即行政权力的配置不仅包括在不同行政权力主体间的分配,还包括将国家所形成的行政权力转移给非政府公共组织行使,通过该项分权来满足人民群众丰富多样的公共需求,弥补政府在公共产品和公共服务提供方面的不足。❶ 只有这三者的公共行政权力配置是合理的,行政权力才能呈现出合理、科学和高效的状态,才能为行政权力规范运行提供基础。因此,在给付行政领域,国家与社会的分权是其中的重要一环,是形成行政权力配置与运行结果的因素之一。

1. 强国家与强社会的国家社会关系

强国家与强社会二者之间不是竞争关系,不应陷入此消彼长的错误观念中,二者的"双强机构"是应对社会风险、转变政府职能、保障人民权益的健康体系。❷ 强国家与强社会的国家社会关系既是智慧时代法治实践的理论基础,也是国家与社会良好互动的目标形态。

"强国家-强社会"模式是国家与社会关系中的状态之一,也是国家与社会在治理关系中的角色定位。按照韦伯对"国家"概念的经典定义,他在《经济与社会》中指出国家是人类共同体的表现形式,是合法暴力来源的垄断者,同时也是实施支配的必要组织。❸ 那么"强国家-强社会"模式就是在"政治治理能力"和"社会发育程度"两个维度下探讨的高度政府权威、有效政府能力与自主性强、组织化程度高、政治参与度高并且具备民主法

---

❶ 石佑启、黄新波:《我国大部制改革中的行政法问题研究》,知识产权出版社2012年版,第143页。

❷ [美]乔尔·S. 米格代尔:《强社会与弱国家——第三世界的国家社会关系及国家能力》,张长东等译,江苏人民出版社2009年版,第280页。

❸ 侯利文:《社会中的国家:迈向国家与社会的综合性范式》,载《社会学评论》2016年第6期。

治特点的社会所形成的集合。❶ 可以把政府和社会的关系划分为四种基本类型：强政府和强社会、强政府和弱社会、弱政府和强社会、弱政府和弱社会。这四种类型的划分其实也是不同国家观的反映，是"国家中心论""社会中心论"抑或国家与社会相互作用的"二重性"过程。因而，从法治视角考察，强国家与强社会模式主要包括建立自治社会、实现简政放权及治理现代化。在打造有力政府的同时培养并建立自治社会，自治社会的作用不仅在于赋予公民权利、改善社会治理方式，也在于制约国家权力的滥用。❷ 而简政放权是把组织权放还于个人和组织，❸ 即不仅要把中央权力、地方政府权力释放至基层政府，更重要的是放权、赋权于社会，建立起强大的、独立的、自治的社会组织。另外，强大社会是实现国家治理现代化的重要途径。强社会包括多元治理主体、开放治理理念，在推进国家治理现代化的过程中强社会发挥着重要作用。

2. 民主法治建设过程中国家社会关系调整

民主法治建设的目标不仅包括法治政府的建设，还包括推进民主进程。国家与社会关系的调整方向主要包括还权于社会，在法律范围内承认社会的自我赋权，形成国家与社会的共建、共享、共治格局，从而提高二者抵御风险的能力，实现融合与共同发展。

其一，提升完成国家任务的效率及社会抵御风险的能力。从给付行政法理角度而言，国家的给付任务与社会风险防范本质上

---

❶ 马振清、孙留萍：《"强国家—强社会"模式下国家治理现代化的路径选择》，载《辽宁大学学报》（哲学社会科学版）2015 年第 1 期。
❷ 柳新元、杨腾飞：《简政放权：当前政府职能转变的一个路径选择》，载《黑龙江社会科学》2017 年第 1 期。
❸ 应松年：《简政放权的法治之路》，载《行政管理改革》2016 年第 1 期。

是一样的。总体而言，国家的给付行政任务为满足人民日益增长的需求，也就是要求国家的给付体系是健全的、完整的，与营造健全社会的风险风控目标是相似的。也就是说，有效完成国家的给付行政任务是增强社会风险控制能力的途径，而同样地，社会风险控制能力的增强也意味着给付行政任务的有效完成。那么，社会的参与将提高效率并增强风险防范能力，"强国家—强社会"类型与当代福利国家的结构一致。❶ 国家强大与社会强大意味着资源的丰富和合理的统筹分配，提供了完成给付行政任务的良好基础条件。强大社会也意味着公民拥有更为广泛的权利，如参与权、知情权，让公民有更多参与社会治理的机会，社会参与的空间变大，起到了弥补行政权力不足及提高给付行政效率的作用。

其二，社会是国家的依托，国家是实现公民权利的保障。国家与社会既是二元的但从实质上又是合二为一的。❷ 一方面，社会力量的强大使得社会自治程度提高，在这个充满活力和高效率的社会中不仅提高了民主法治建设高度，也实现了社会治理的现代化和民主性。国家需要社会力量弥补国家力量在社会治理中的不足，也需要社会力量维持社会结构的平衡。另一方面，国家是社会发展到一定阶段的产物，需要其从外部解决社会不可自决的矛盾，它是凌驾于社会之上的力量，这种力量是可以缓解冲突、维持社会秩序、保障利益的。国家拥有生产资料和政治权威，除了解决冲突外，还应提供权利保障。随着经济社会的发展，国家拥

---

❶ 李萍：《从国家—社会关系看社会风险控制》，载《理论探讨》2014 年第 6 期。
❷ 龚万达、刘祖云：《"强社会—强国家"的社会建构——对〈国务院机构改革和职能转变方案〉中关于"社会组织管理体制改革"的思考》，载《四川大学学报》（哲学社会科学版）2013 年第 5 期。

有的生产资料和资源越丰富，越能赋予公民更好的生活条件，相应的社会权利得以发展，而在社会权利实现过程中遇到障碍由国家提供解决方案并予以保障。

公共部门为了利用私主体的技术、信息资源优势，对其采取放松监管的方式，而以实现给付行政的思维来作用于该对象。与此同时，为了避免私主体陷入无政府主义、散乱、失灵的状态，便将其行为的监管委托给其他私权利主体或社会组织。另外，为了有效利用私主体的资源便与社会组织建立起购买公共服务的关系从而高效实现给付行政。

公共部门与社会组织之间是公法上的委托与合作的关系。行政委托是指行政机关将部分行政权委托给行政机关以外的组织行使的法律制度。行政委托与行政授权有所差异，行政委托中受委托方的行政权力直接来自行政委托协议，法律依据是间接权力来源。❶ 行政授权可以分为立法授权制度体系、行政授权的制度体系，而行政授权的制度体系又包括"以立法形式的行政授权"和"以决定形式的行政授权"。❷ 行政授权的依据是法律法规的授权条款，授权条件较为严苛，对被授权主体、授权依据、程序都有严格规定。公共部门与社会组织之间的合作关系以行政委托的形式更为灵活且合乎法律规范的要求。

在公共部门与社会组织之间，合作是目的，委托是形式，委托的行政权力主要包括以下两部分。其一，对私人部门进行引导、矫正和规范。为了充分利用私人主体的技术、信息资源，公共部门对私人部门采取给付行政的方式，放松直接管制，侧重于对其

---

❶ 薛刚凌：《行政授权与行政委托之探讨》，载《法学杂志》2002 年第 3 期。
❷ 杨登峰：《行政改革试验授权制度的法理分析》，载《中国社会科学》2018 年第 9 期。

进行公益矫正和公益引导。那么,该部分工作更适合于社会组织,主要由社会组织对私人部门完成,如主导行为标准的制定、行业发展的规划,代表私人部门与公共部门协商资源共享与利用。除此之外,社会组织应当在一定期间范围内保证私人部门不得随意退出公共服务的机制,保证私人主体继续提供服务、提供优质的服务,防止信息的侵犯与垄断,制衡私人主体的裁量权。其二,对公共服务的提供。从给付行政框架的适用上而言,公共部门与社会组织形成了合作关系,社会组织不仅被委以矫正公益的任务,还包括委托提供公共服务。体现了改革公共服务的供给方式,形成新的社会关系。在由私人主体生产公共服务与提供公共服务之间多了社会组织这一主体,社会组织在公共部门的行政委托下成为公共服务的提供者,既有该项权利也承担了该项义务。从权利说而言,社会组织拥有了行业发展、规划的自由;从义务说而言,不仅要以商业营利为目的,更要以公共服务为导向。

第三节 监管工具多向度

共享经济的发展在打破监管体系的同时,监管方式和工具也随之发生变化。在选择监管工具时,不仅要考虑在不同监管主体上的配置,还需要考虑不同监管主体之间、监管工具之间的协调与融合程度。

一、算法监管机制

该机制源于美国的看门人理论,看门人(gatekeepers)主要负责风险防控和发现不当行为。❶ 行业组织和企业之间以看门人为中介形成合作监管的关系来达到自我规制的目的、建立投资者和公众的信任。即认为看门人是风险规制的第一道防线也是网约车监管的第一阶段,是一种第三方执法的私人规制行为。❷ 在该机制中,看门人即为平台自身,既熟知政府的监管策略和方向,也了解平台的内部构造和经营需求。从面向消费者而言,其是防范风险的第一道防线,在信息传播途径上过滤风险并输出产品。从面向政府而言,相当于与政府合作而监管用户及其行为。平台需要对其预期目标有深刻认知并与政府协商、实时监控其目标是否在预期轨道上运行、在新数据的基础上调整算法、定期深入分析算法本身是否按照预期目标执行。

平台具有监管权中的评估权能,除了已拥有的准入、评级权力外,还应评估相应的风险。其评估权存在的基础是平衡私人自治与行政权力。与其说平台具有评估的权能,不如说其更倾向于落实权能对应的责任。网约车平台通过用户协议这一媒介就拥有了收集数据的权力,平台收集的数据就是他们最大的资产。❸ 一旦网约车平台收集到足够数据,就可以像现实中的监管员一样亲自对自己的产品进行检查评估,使用的复杂分析技术建立起预测和监管系统。只有充分利用网约车平台的数据收集能力、发挥其评估的功能才能真正实现利用数据作为监管产品的上乘方案。从面向消费者而言,平台应当充分评估驾驶员及车辆的状况,以缓解网约车活动中陌生人服务陌生人的风险担忧。从面向政府而言,

---

❶ 刘权:《网络平台的公共性及其实现——以电商平台的法律规制为视角》,载《法学研究》2020年第2期。
❷ 李梦琳:《论网络直播平台的监管机制——以看门人理论的新发展为视角》,载《行政法学研究》2019年第4期。
❸ Phil Simon, John Wiley & Sons, Too Big to Ignore: The Business Case for Big Data. Wiley. 2013, 183-188.

应当建立起日常、定期的风险评估报告机制，以信息为媒介来模拟并更新传统的监管结构从而实现信息共享。❶

平台权力的边界为保障隐私和信息安全。为保障信息安全，美国相继制定了"NIST"（美国国家标准）、"FIMA"（国外常备回购便利工具）、HIPAA Security Rule（健康保险携带和责任法案中的安全规则）、FACTA's"Red Flags Rule"（海外账户税收合规法案中的红旗规则）等法案、标准来确定、拓展保护信息的综合框架。❷ 对于实现信息安全这一目标而言，网约车平台等市场主体是应对威胁的强大力量之一。这方面可以借鉴"公平信息实践原则（fair information practice principles）"，❸ 即当涉及个人身份信息时，人们应当具有"通知、选择、是否允许访问、是否安全"等方面的被告知权，平台可以主动定义、创建标准并公开受保护信息的类型、有权保留信息的主体、与平台共享信息的主体、信息可供保留的时长等内容。❹

二、人群治理机制

该机制为主要发挥用户、人群的反馈、治理作用而形成的市场监管机制。主体为调查员（investigators），其为拥有调查权的行政主体或独立第三方，对被指控的不当行为进行独立的、无利益冲突的广泛调查。❺ 这种调查的权能也可称为平台合规性监管，组

---

❶ 刘权:《论网络平台的数据报送义务》，载《当代法学》2019 年第 5 期。

❷ Federal information security management act, §44 U. S. C. 3554 (2016).

❸ Bryan Wilson & Sal Cali, Smarter Cities, Smarter Regulations: A Case for the Algorithmic Regulation of Platform-Based Sharing Economy Firms, 85 UMKC L. Rev. 845 (2017).

❹ Summary of the HIPAA privacy rule, https://www.hhs.gov/hipaa/for-professionals/privacy/laws-regulations/index.html, (last visited Aug. 20, 2020).

❺ F. Joseph Warin, Michael S. Diamant & Veronica S. Root, Somebody's Watching Me: FCPA Monitorships and How They Can Work Better, 13 U. PA. J. Bus. L. 321 (2011).

织和政府达成协议并保留监管员于企业中,最后由监管员负责提供建议。在网约车监管中,调查权启动的主要条件是网约车平台已经发生了不当行为,需要调查其中的危害程度、发生原因,揭露相关事实。如 2011 年 3 月美国宾夕法尼亚州立大学发生的性虐待丑闻事件,独立的调查顾问的调查报告提出了 120 项具体建议,且其许多结论和意见得到大学和政府的认同和采纳。

其中值得我们借鉴的是重视调查权的独立、有效行使及调查程序,避免以罚代管、以管代查、以查代辅。调查类似于约谈、协商制度,但是应当允许独立第三方或者行业组织的调查权的参与以克服行业领域的专业性和机密性参与到这种遵从性监管中(rote complacence monitoring)。调查员有权力调查平台给予的承诺是否能兑现,导致其违法、违规或者未兑现承诺的原因,以及详细阐释平台的业务结构与法律、法规、监管行为冲突的地方。一方面,这种调查形式相当于为企业提供服务。其主要目的是确保平台更正行为、促进未来行为符合法律法规的要求。另一方面,调查员也有向行政机关反馈的义务。即政府的法律应当如何完善、如何改进行政行为以确保法治、经济、社会三重效果的全面实现。❶ 从而在政府和平台之间充当居间的角色来加强平台的合规性。

政府可以委托或外包相关组织或个人实施调查活动。行政机关将调查的任务委托、外包给独立第三方机构,发挥辅助政府强制力实施的作用。如 2010 年美国为确认英特尔公司是否加剧了计算机芯片市场的竞争而将相关工作外包至独立的、专业的技术顾问,由该技术顾问监管英特尔公司的相关行为和表现。不管是委托还是外包,本质上都是基于数据为基础的算法委托和算法外包,

---

❶ 杨伟东:《行政监管模式变革》,载《广东社会科学》2015 年第 1 期。

政府根据拟对平台采取的措施而向平台提出详细要求，也相当于为调查组织提供了具体的调查规划和要求，调查组织结合政府要求和自身大数据、算法等专业知识的特长来展开调查。

三、声誉机制

补救者负责监督补救工作，对产生的社会危害进行修复、补救。行政机关与平台的监管关系中出现了漏洞或者不能适应之处而暴露了不当或者危害行为。补救的对象是消费者、社会公众，补救的目的是对其受到的损害进行赔偿或进一步保障其权利。充当补救者角色的主要为行政机关，当平台的不当、危害行为发生后，针对不当行为严重程度不同，行政机关行使相应的权力、运用相关工具以实现修复和补救的目的。

行政机关应当在事后阶段动用相应权能介入监管关系，即危害实际发生和存在，没有其他更优的方案可以替代，必须动用行政权力才可解决，并且该此种解决方式也必须具有正面的效益。根据其权能的类别及对应的目的，开发出了行政协议、声誉管理两种对应的监管工具。协议方式即政府与企业之间达成协议以替代强制措施甚至起诉行为。如 2014 年美国 Miron 公司与政府达成一项不起诉协议（non-prosecution agreement），Miron 公司同意采取各项补救措施，如允许行政机关深入调查、辅助制定企业规划、与政府监管程序长期、深度合作。这种监管范围相比政府监管中的强制执法范围更广、效果更好。

声誉管理机制源于平台对自身声誉危机的管理，行政机关顺应这种心理，以公共关系为中介应用声誉管理工具。声誉管理工具的重要内容即平台自愿合作性，允许行政机关及委托相关专业人员对其进行深入调查，并将调查报告、补救措施和建议公开。

相当于公开平台大量甚至涉及商业秘密的信息来换取重新建立起与公众、政府之间的信任关系，使公众、政府确信平台不会再发生类似的不当行为。通过公共关系来监管平台其实也是补偿公众、向公众提供信息的一种方式。同时这也是提高社会主体获得和处理信息效率的方式，实现利用信息增强社会监督的能力。❶ 在通过公共关系的方式监督后，仍可适用相应的强制、处罚等措施，但是就像美国通用汽车等丑闻案件一样，在通过相关公关方式来补救、赔偿后所受的正式处罚金额要轻得多，政府也认为这是"特别合作的结果。"❷

网约车平台的专业性与高科技性等多重因素使监管成本变得较为高昂，并且从网约车案例中可以观察到政府也可能存在过度使用、滥用监管权的可能性，那么监管权力的分解甚至在未来创建私人的独立监管、建立监管外包制度也存在一定的必要性和可能性。与其说政府监管是政府对平台行使强制权，不如说这是政府与平台的合作，双方相互借力建立公众信任或补偿公共利益。根据权责分配而开发的工具将实现监管中的守法性、合规性、合作性、补救性目的。为落实监管工具的推行，下一步应当做的是在《行政许可法》《行政处罚法》等法律规范中重新界定其内涵并分类，❸ 以实现目标与行为、理论与实践、政策与法律之间的良性互动。

---

❶ 王敬波：《面向分享经济的合作规制体系构建》，载《四川大学学报》（哲学社会科学版）2020年第4期。
❷ Veronica Root, Modern-Day Monitorships, 33 Yale J. on Reg. 109 (2016).
❸ 章志远：《监管新政与行政法学的理论回应》，载《东方法学》2020年第5期。

第五章
共享经济视角下的公共服务

我国公共服务供给非均等化是公共服务面临的一大难题，包括城乡、区域、阶层间基本公共服务的不均衡。基本公共服务标准化、均等化、法治化及公共服务个性化、多样化是供给侧结构性改革、区域协调发展战略、推进服务型政府建设的一项艰巨任务。这既是落实宪法上的平等保护原则的要求，也是克服新时代社会主要矛盾的方式之一。有效推进公共服务供给均等化成为公共服务供给体制改革的重要内容，也是智能化、精细化解决满足人民群众日益增长的美好生活需要的根本途径。

随着"问题奶粉、疫苗"事件、"养老机构虐老"事件的持续发酵，在社会服务出现安全风险、质量风险时，隐藏于公共服务供给体制背后的政府与市场、社会不是相互对立的关系，也不是政府完全将给付责任市场化。那么，在"互联网＋"的背景下，通过其与公共服务的充分、高度、科学融合创新机制来解决制度缺失和落后的问题是否可行？

如何有效配置权责并协同政府、市场、社会形成供给机制？从而，在构建公共服务共享制中解决公共服务供给不平衡、不充分的问题并不断提升公共服务供给质量、增进民生福祉。

第一节 共享经济视角下的公共服务治理的风险

维系民生对政府的工作而言至关重要，是其根本合理性基础。❶ 基于此基础和目的，国家、社会、企业、民众之间的关系变得更为复杂，仅是强调依法行政原则已经不利于行政权力发挥作用。行政机关不仅要对相对人进行管理和监督，同时应关注与相对人建立合作关系。从多元协同合作供给体制的建构和彰显公共服务公共性根柢的角度来看，实践面临的挑战主要来自发展不平衡、不充分的现状，避免责任真空，保障公众的权益三个方面。

一、公共服务发展不平衡、不充分之风险

公共服务供给面临供给结构内外的不平衡与不充分。一方面，公共服务供给结构内存在失衡现象。在公共服务内部，以托幼和就医为例，服务质量和水平还是与实际需求存在一定差距。2017年初携程托管亲子园曝出虐童事件；同年年底，北京市红黄蓝幼儿园也爆出虐童事件。除了幼儿机构虐童事件外，"幼无所育"也是广泛引发社会关注的，在学前教育这一领域中呈现规制失灵的现状。❷

---

❶ 马怀德主编：《当代中国行政法的使命》（上），中国法制出版社2017年版，第250页。
❷ 冯子轩：《给付行政视角下的学前教育改革法律规制研究》，载《东方法学》2019年第1期。

人口老龄化带来医疗资源的严重不足，除了医疗资源总量不足之外，优质医疗资源的缺乏也成为亟待解决的问题。另一方面，公共服务供给结构外存在失衡现象。以教育资源为例，截至 2016 年底，义务教育均衡发展工作得到进一步推进，但是在经费保障、办学条件保障等方面仍存在问题，乡村教师结构性缺编、教育设施有限、教育理念落后等因素限制了乡村地区教育水平的发展，也导致了城乡教育质量之间的失衡。

公共服务供给共享机制旨在通过互联网实现资源合理配置，是从前社会生活中的基础设施所难以达成的目标。然而，作为新一轮社会生活基础设施的开放性平台已经显现出地域间的差距。首先，"互联网＋"社会服务指数排名靠前的仍是经济发达的东部地区或经济发展靠前的地区或城市，如北上广深等一线城市。其次，在"互联网＋"社会服务呈现出整体增长的同时，社会服务水平还是存在较大差异，意味着城市间整体差距拉大，呈现出"强者恒强"的状态。最后，"互联网＋"社会服务领域中，服务覆盖广度、使用深度、用户活跃度等方面都有差别，便捷交通领域的服务范围、覆盖区域、稳定性则大于其他领域。❶

二、治理方式的选择与工具运用之正当性风险

在行政执法、政府提供服务阶段，为贯彻深度融合"互联网＋"公共服务的理念，行政机关采取了搭配不同任务实现逻辑之"分散脉络管制"的行为方式，❷ 行政机关所谓的行政行为或者所运用

---

❶ 中国互联网协会、蚂蚁金服研究院：《"互联网＋"社会服务指数分析报告》（下），载《互联网天地》2017 年第 3 期。

❷ 吴立香等：《公私合作（ppp）的兴起及法律规制》，载《苏州大学学报》（哲学社会科学版）2018 年第 2 期。

的行政方式大致分为三类。第一，公私合作的形态。为促进"互联网+公共服务"的发展，在对公共服务领域进行区分的基础上，政府应对市场机制缺位的公共服务领域予以行政资助，包括采取购买的方式、以政策优惠的形式加强投资力度、增加融资工具。❶北京市经开区相关部门通过政府购买服务的方式形成"互联网+图书馆"模式，将图书馆的电子图书、期刊和数据库共享给区内的职工和居民，增加社会资源并扩大社会服务。海南省在推进教育改革中也是以与社会资源合作为重要的改革路径。

第二，"中性化"的行政行为。"中性"行政手段是民主法治时代的核心治理手段，❷ 如运用检测、评估类行政行为来展开公私双方的合作。同样是在长三角区域一体化发展规划中，为推动教育合作与发展，协同扩大优质教育供给推进教育均衡发展而开展了教育质量检测和评估。《教育部关于加强高等学校在线开放课程建设应用与管理的意见》中认为慕课模式的展开首先要对课程进行认定再开放。教育行政机构通过"国家精品在线开放课程"这一认定机制确定能予以公开的课程范围，运用后期评价、检查等方式来进行跟踪监测和综合评价。

第三，未形式化的行政行为。数据的开放与共享衍生出了更多崭新的、未形式化的行政行为方式。数据的共享与开放是公共服务供给共享机制中最为重要的因素之一，数据的利用率不仅牵

---

❶ 《国家发展改革委、教育部、民政部等关于促进"互联网+社会服务"发展的意见》。针对市场化机制缺位、薄弱的公共服务领域，坚持"尽力而为、量力而行"，采取政府购买服务等方式给予积极支持。鼓励创业投资基金、天使投资等加大对"互联网+社会服务"的投资力度。支持符合条件的"互联网+社会服务"企业发行包括创新创业公司债券在内的公司债券和"双创"债务融资工具。

❷ 章志远：《当代中国行政行为法理论发展的新任务》，载《学习与探索》2018年第2期。

涉公共服务供给的方式,还关乎社会服务主体的转型、行政权力的运行,最终作用于公共服务供给的效率和质量。《发展意见》强调加大社会服务领域数据共享开放力度。如建立社会服务领域公共数据开放目录和开放清单、制定社会服务领域数据共享等与数据安全保护有关的法规标准。《银川市智慧城市建设促进条例》是国内第一部地方性智慧城市法规,鼓励和强调行政机关、公共机构将已有信息向智慧城市大数据平台迁移,实现数据共享。

公共服务共享制的兴起导致行政机关运用了多种行政行为挑战了传统行政行为范畴的核心地位。第一,中性、未形式化的行政行为对依法行政的挑战。上述中性的、未形式化的行政行为有着过程性导向的共同特点,如为进行评估和达成行政协议的协商、沟通、辅助等行为。行政机关为达成相应的行政目标,在未形式化、中性化行政行为之间进行自由选择,突破了传统的形式化的行政行为,体现了对目的性导向的行政行为的选择。在彰显充分灵活性、高效性、合目的性的同时也带来了一些困扰。在对依法行政原则造成了一定挑战的同时也让传统的"命令－服从"模式受到撼动。随之而来的问题是影响了相对人、利害关系人的权利救济。中性化的行政行为可能对相对人的拘束力、侵害性有限,但是其中的行政程序、自由裁量权都未进行规范,容易突破合法、合理的范畴而影响对相对人的权利救济。

第二,原有的责任机制受到撼动。在政府、市场、社会形成多元协同合作供给机制中,行政协议是连接三者的中心点。它既是形成公私协同治理的必由之路,也是约束未形式化行政行为的重要工具。因而,对公共服务共享制中行政权力的约束方式之一可转换为对行政协议这一崭新社会治理工具的约束。那么,行政主体的供给责任也就转换为公共服务共享制中的合同治理责任。

其一，如何防止责任真空。在多个主体参与到协同生产中去的情况下，如何进行分权以防止出现民营化中的私人垄断、选择性供给、质量不稳定等问题。其二，如何切实有效破除行政权力垄断。例如，从过往公共服务民营化的经验来看，行政主体的主导性还是过强而影响了企业的自主权。公共服务共享制推动了权力结构的优化，避免了政府垄断信息资源和决策权力导致合作主体和公众缺乏选择的权利。

第三，司法审查的中心地位被撼动。在公共服务供给共享机制中，行政权力的释放与共享体现在整个治理阶段，从准入到监督、从实体许可权力到虚拟数据权力、从具体行政领域到相应行政过程都体现了行政权力的进一步释放。在私人力量承担起履行传统公共行政职能的情况下，以审查行政行为为中心的司法审查可能忽略对"私权力"的审查。在行政协议为核心治理方式的背景下，应当合理分配公共部门与私人部门之间的责任而避免责任真空或责任不均，并形成司法审查的替代性机制。

三、效率标准下公民权利被侵害之风险

在既有的契约作为核心治理方式的框架下如何寻求效率标准与公民权利之间的契合与统一是公共服务共享制构建面临的一个挑战。公民的权利保障可能遭遇以下三个方面的风险。

第一，公法上的受益权的侵害风险。公共服务的品质、效果直接关乎公民公法上的受益权，甚至关乎《民法典》中的生命权及《宪法》上的生存权的实现和保障。公共服务共享制中效率与公民权利的冲突可以具体化为共享经济逐利性与公共服务供给公共性之间的冲突抵牾。当前公共服务的获取成本较低，而市场运作的动力机制来源于逐利，公共服务等共享制利用"自由秩序"

来优化公共服务的资源配置，市场运作的逐利性、自由度很难确保公众以低成本获取公共服务。

除此之外，市场机制下的过度投放还造成资源浪费和公共秩序混乱。各大企业平台利用资源抢占市场，一方面，形成资源再碎片化风险。如共享经济本是利用闲置、分散、碎片化的资源来进行再统一，但是目前出现了资源的再次碎片化，包括自我生产闲置资源和无序抢占市场形成的资源浪费。另一方面，扰乱公共秩序。如共享单车缴纳押金、占用城市公共资源、过度生产投放但缺乏运营维护，这一系列现象再度引发资源闲置或资源不匹配。

第二，对知情权和监督权侵害的风险。社会主体的监督、问责权有限，公众作为消费者，有权监督公共服务的内容、品质、价格、效果等并提出意见和建议。公共服务消费者缺少相应的监督权和问责权，一方面难以保证公共服务的品质，另一方面也是公共服务共享制缺乏完备的评估反馈制度的表现。要实现共享经济这种协同消费模式，陌生人之间的信任是一项重要原则。[1] 社会信任体系的建立离不开公众参与对各方主体的监督，社会监督能力被削弱的情况下，社会信任体系的建立也会受到影响。最终导致公共服务共享制的推行和发展受到阻碍。

第三，对安全权侵害的风险。公民安全权受到侵害的风险主要来自数字安全和个人隐私被侵犯。公共服务共享制的发展不可避免使用大数据收集、计算、准确推送等方式。智能机器人计算、大数据分析的广泛应用对数字安全、个人隐私及与此相关的其他内容带来明显的影响，如自治权、正当程序或平等对待。如我们常常遇到的目标推送，智能计算通过获取我们个人的大数据集，

---

[1] Rachel Botsman and Roo Rogers, what's mine is yours: How Collaborative Consumption Is Changing the Way We Live, HarperCollins, 2011, p. 75.

其中包括个人私密、敏感信息，经过计算后给本人及与其有亲密关系的人员推送相关服务和产品。❶ 这大大侵犯了个人隐私，将公众的数字安全置于高风险的境地。

为降低数字安全的风险，苹果公司采用了差别化隐私对待方式，与以前的隐私增强技术相比，它具有许多优势，但是也有其局限性。如限制平台主体对数据集的使用，但是由于个体使用平台之前已输入相关个人信息，因此还是存在泄露风险。然而，公共服务共享所倚靠的详细信息是建立在广泛分析数据基础上的，那么也应在结果的可靠性、准确性与隐私泄露状况之间进行衡量。为了防止个人隐私的过度泄露，计算系统设计了"无法继续访问"的安全阀，那么也就在保障个人隐私与追求计算结果的准确性之间形成冲突和取舍关系。

第二节　合作治理促进公共服务共享制的发展

行政组织法论认为现代国家是承担行政任务的主体，依赖组织形式、结构等组织法确定的标准来构建职能和调控职能。其中，行政分散论认为应当充分体现地方自治、行业自治等多元主体参与的优势，实现专业性、特殊性、透明性和可接近性。公共服务共享制的发展在体现多元主体参与行政任务的同时也对多主体合作的共治、共建、共享型治理体系提出了要求。大量合作方式、监管方式出现在社会生活中，"公共服务共享制"甚至成为新的法律术语。因此，在现代行政活动方式理论中，仍需基于行为形式

---

❶ Andrea Scripa Els, Artificial Intelligence as a Digital Privacy Protector, 31 Harv. J. L. & Tech. 217（2017）. p. 219.

论来诠释并规范其认识和实践问题。因而，这既是面向社会科学的行政法学、以人类行为理论为中心的社会科学的行政法学，❶ 也是运用传统的法释义学方法来分析的行政法学。

一、公共服务权力谱系重塑

为发展公共服务共享制，应注重对多元、协同、合作这几个关键因素进行构建。一方面，打破集权化、金字塔式的供给结构。另一方面，弥补公共服务民营化中存在的质量不优的缺陷。将集中式的供给权力机构分解成分权化、扁平化的供给权力机构，依托网络治理理论，社会服务主体、私人企业共同参与构建网络化的权力结构、供给方式和责任承担方式，以纾解多元主体之间权力结构、责任分配的违和失衡。

（一）公共部门让渡公共服务权

以共享经济形式提供的公共服务既不是单纯地让共享经济符合公共服务产品的属性或标准，也不是简单地彻底地将传统公共服务模式与现代公共服务模式相区别、对立。而是将互联网融入众多行业来整合分散资源、共享服务权。哈尔滨市于2018年实施的《关于开展强区放权改革工作实施方案》中强调行政权力和公共服务事项的下放，将区级行政权力行使效率更高、更加便民利企的行政权力和公共服务事权下放给各区，打破公共服务的垄断性。同样地，政府让渡公共服务权也是进行权力下放、打破垄断的一个行为。但是与此不同的是，政府让渡公共服务权是主动性与被动性的统一。一方面是由于传统的公共服务供给体制机制与公众需求不相适应。目前政府对公众提供的公共服务或给付以对

---

❶ 包万超：《面向社会科学的行政法学》，载《中国法学》2010年第6期。

生存权的满足和保障为主，兼顾发展权的实现。但是共享经济形式提供的公共服务则是以服务类型为导向的需求，从这个角度而言政府的给付是相对落后的。另一方面是由于互联网技术对传统公共服务供给体制机制的摧毁。互联网技术的迅猛发展使得提供公共服务的方式、种类渗透入公民生活中，获得了主动权和控制权。在此背景下，政府被动让渡公共服务权，但是不管是主动还是被动，结果都是得以共享公共服务权。

一方面，公共服务权是让渡给分散的社会多元主体的。政府不再作为唯一的给付主体，相比将行政权力和公共服务事项下放至基层，共享经济中提供公共服务的主体包括社会组织以及私人主体，不再局限于行政主体或其他公共组织，体现出主体的多元化。另外，这些主体也呈现出多元的特点，包括私人、组织，更重要的是跨越领域的广泛性，因而呈现出主体在多个领域、行业的多样性与专业性。"公共服务是否运作良好需要相关主体进行判断，那么我们的国家、相关行政机关则是该主体的最佳选择"。❶在公私协作中，协作项目的发起、协议签订、履行等过程中，行政机关占有一定的主动性和优益性。相比公私协作方式的公共服务，以共享经济方式提供公共服务是自下而上的，不包含行政机关的发起、主导等特点。

另一方面，公共服务权的内容包括整合并分配分散资源、获得自我成长和发育的权力以及与政府对话的权力。私人主体具有整合分散资源能力的重要原因是互联网不是自上而下的单一中心式的，资源是呈现分散式的，并且是我们大多数人都能接触到的，如个人的私家车。私人主体需要做的是以合作的理念，对这些分

---

❶ 陈天昊：《在公共服务与市场竞争之间：法国行政合同制度的起源与流变》，载《中外法学》2015 年第 6 期。

散的资源进行整合并以合理的方式进行再分配,以实现资源民主化。在满足公众需求、优化公共服务质量后获得一定的自我成长和发育权,也可以以相对平等的地位与政府协商辅助与合作的事宜。总之,这是一个使私人物品逐渐公有化的过程。如在共享汽车行业,私家车本为个人所有,但是在共享经济的作用下"私有性"表现出了一定的"公有性",共享使用权原理在二者之间进行权衡和协调,辅助实现资源私有化向公有化的转变。

行政机构须符合责任政府的一般定义的要求,这一概念越来越多地被用来分析与政府责任有关的现代问题。就其一般意义而言,责任政府对于自由民主主义的概念来说是非常重要的。[1] 行政权力必须伴随责任,而与之相关还包括对权力的监督,从实现民主主义原则、法治国原则的角度而言都至关重要。私人部门获得了一定程度的私权力,然而伴随私主体而来的也包括监督与责任。基于法律规定、法治国原则、民主正当性等内容的要求,公共部门对私人部门的监督具有必要性和合理性。从严格意义上来说,私主体提供此种公共服务的特殊性在于,这不一定是国家的法定义务,也不是根据民众需求而生产的公共服务,这是以产品改变或引导需求的公共服务,相比私主体,国家的预测力与生产力相对有限。与公私协力相比,私主体不是在执行国家的行政任务。但是基于民主原则与公益实现,私主体仍旧需要承担"波及性正统化责任"。[2] 为保证私主体承担此种责任,公共主体对此有监控与影响的义务,或者称为介入义务。

学者认为,不是所有的私人主体的行为都要受到监督,但是

---

[1] [英]戴维·米勒、韦农·波格丹诺:《布莱克维尔政治学百科全书》,邓正来译,中国政法大学出版社1992年版,第653页。

[2] 邹焕聪:《公私协力法律问题研究》,南京大学2011年博士学位论文。

特许者因获得特许授权,因而其权限范围、活动的方式和目的等内容是在监督范围内的。❶ 虽然私主体并未执行行政任务,但是其服务内容具有一定的公共性质,并且如果要引导其公益性的实现,平衡其公益性与营利性之间的张力,可以参照对特许者的监督内容,对其合法性、专业性进行监督。一方面,应当改变如今的强制性做法,如给予私主体附加强制性责任的做法。但是另一方面,为防止出现私主体在提供公共服务过程中裁量权过大及私权力与私权利的冲突,使其能在法律的框架内得以有效运行,而不被滥用,应当对其合法性和专业性进行评判监督。私主体也应接受"清单制度的监督",如权利清单、权力清单和义务清单。这些清单制度应当建立在平等、自愿、互利共赢的基础上,以清单的形式对其合法性、专业性进行把控。

(二)多元主体之间的权力配置

(1)政府的供给权。行政权力仍然是行政法律关系中的关键因素,在行政主体主要作为供给主体而不是生产主体的背景下,有必要将行政权力进行分散化处理。从如何规范行政权力的行使转变为如何实现科学、合理地授权和分权。在公共服务协同合作供给中,直接委托的事项是完成公共服务供给,随之而来的是委托了相应的权力。在委托事项限制性较小的情形下相对容易忽略对所委托的权力的控制。一方面,行政机关应考量被委托的主体资质和禁止性委托的事项。另一方面,应当依据正当程序实现双方的合意,通过书面确定、公开等程序来规范被委托主体的权力行使。

---

❶ [日]米丸恒治:《私人行政——法的统制的比较研究》,洪英等译,中国人民大学出版社 2010 年版,第 45—46 页。

（2）社会服务主体的辅助权。提升公共服务的水平离不开公立学校、医院等社会服务主体，社会服务主体在教学、医疗等职能的基础上进行数字化、服务化转型。开放更多领域于社会服务主体，给予其更多的自主权以实现其作为主要辅主体的目标定位，如适当增强高等教育学校的自主权，相关课程建设、质量审查、课程运行等职能应当给予高校服务主体，以校间互动、学生选择为导向来开展在线教育改革。相应地，主要责任内容是对公共服务施加公共化约束，如高校在持续提高课程教育质量的基础上与地方公共服务平台进行数据、信息共享以支持公共服务平台的建设和运营。在线开放课程、远程医疗技术指导既可以在区域范围内展开，也要分配对口支援任务。

（3）私人企业的生产经营权。政府应当放宽市场准入让私人企业平台获得更多公共服务生产权，引导各类要素有序进入社会服务市场。如分类设定准入门槛，私人服务共享制中主要依靠市场机制实现信息互换，而纯公共服务共享制则具有较强的公共性，需要政府采取自上而下的具有一定强制性的机制。因而，在这两种服务共享制中，政府监管的方式、程度、范围都有所不一样，除了应放宽市场准入外，也要分类监管以增强生产经营权。

可以从以下四个方面反映私主体对私权力的享有。第一，享有支配性优势。共享经济中的市场主体通过市场驱动、技术推进和网络架构形成了自我意志和服务提供方式，拥有了"哪怕遇到反对也能贯彻自己意志的机会"。[1] 这种优势地位背后是不均衡、不平等的现象，如在最初接受网约车服务时，支付极少对价而可以获取服务，但是提供服务的一方以推送广告、获取信息等方式

---

[1] 周辉：《从网络安全服务看网络空间中的私权力》，载《中共浙江省委党校学报》2015年第4期。

来进行弥补,而如果我们不接受广告推送或信息传送就难以获取相应的服务。因此,在这个本应以平等、协商为基础的民事法律关系中,相对人不具有相应的选择权和协商权,呈现出服务关系不清晰,相对人处于被支配地位的状态。

第二,聚集资源和信息。当一个主体能整合和调配的资源越多,则其对一定领域的管控能力就越大。❶ 共享经济在发展的过程中会收集到大量数据和信息,服务提供者与相对方在信息资源上是严重不对称的,服务提供者对是否继续提供服务、提供何种质量的服务享有一定的裁量权,那么在信息收集与裁量权扩大之间则形成循环。除此之外,这些信息的归属和共享又成为一个新的问题。如果不加以限制或有条件的共享可能会形成信息垄断,将会增强其支配性地位,对公共部门也会形成支配和主导。

第三,获得公益安排和重建制度的权力。"以行政部为主权代表者之位置,其结果,乃至支配行政部所发生关系之法律多与私法异趣,依此法律,则契约及私犯,皆不注重。盖在私法,大部分以契约及私犯为基础,而在公法或行政法则不然"。❷ 行政主体作为主权代表者,以其支配权来进行公益安排和制度建构,对这两者的建构在一定程度上不以双方协商、合意、契约形式为旨趣。但是在共享经济的发展中,此种情况出现了一定的颠覆,私主体逐渐获得了公益安排和重建制度的权力。私主体获得该项权力的基础是通过技术提升得到市场认同,再以市场为基础得到公众的认同和需要,因此其商业产品带有公益服务的性质。私人主体可

---

❶ 王志鹏等:《大数据时代平台权力的扩张与异化》,载《江西社会科学》2016年第5期。
❷ [美]古德诺:《比较行政法》,白作霖译,中国政法大学出版社2006年版,第4—11页。

以安排该公益的实现方式、程度甚至退出，公众必须按照私人主体的商业规则来形成契约最终满足自身的需求。以"生产出大家需要的服务"取代计划中的服务以及以私法契约取代制度，以超出国家计划的公益与人们预期的公共服务内容来进行公益创新，以私法契约的"破窗效应"来震动原有的制度内容，因而该项权力的具体内容也是不可忽视的。

私主体的私权力来自用户协议，其正当性来源于合同法的规则。公权力与私权力的来源具有一定的相似性，都来源于私权利。❶ 公权力是在形成社会契约之后，经全体人民的权利让渡而形成的，而私权力的形成过程也具有相似性。私主体与相对方通过"用户协议""服务条款"等形式形成契约，相对方授权私主体行使一定的信息获取权力而换取一定的服务。一方面，私主体以其提供服务的该领域为限，按照合同法的规定，双方一致同意条款内容。那么私主体获取相应的授权，经权利让渡形成较为广泛的、具有一定约束力的权力。另一方面，私主体的这种私人契约在一定程度上取代法律的内容。虽然用户条款的制定也需要受法律、法规等内容的限制，但是在"法不禁止即自由"的范围内，私人性质的、具有具体内容的私人契约具有弥补法律空白、替代法律的效果，这也是私权力相对于公权力的一种表现形式。

第四，私人部门的请求权。具体而言，私主体的请求权的内容包括以下三个方面：第一，请求不再以传统的强制性、管制性思维来进行监管。"行政法学者应抵制把私人主体视作行政机关那样加以约束的冲动"。❷ 如应当抛开传统的市场准入、强制性责任

---

❶ 潘爱国：《论公权力的边界》，载《金陵法律评论》2011年春季卷。
❷ ［美］朱迪·弗里曼：《合作治理与新行政法》，毕洪海、陈标冲译，商务印书馆2010年版，第192页。

等监管方式，应赋予其一定的发展空间与自由。摒弃干预行政的方式、将二者置于对立位置的理念，多运用软法，如协商、约谈的方式来进行沟通。建立起双方合作的理念和机制，破除旧思维和旧方式。第二，请求自由发展的权利。共享经济的发展与公共服务的提供，带有一定的制度重构的效果，私主体形成的制度重构理应得到公共部门制度上的追认，认可其形成的商业模式、制度方式，体现政府的包容性和吸纳性，从而实现权力的分享。私人主体对公共部门也有建议权、信息知情权和相对应的监督权。第三，请求财产保障的权利。私主体除了请求权力分享外，还谋求长远的发展，也就是其商业偏好应当得以持续实现。作为市场上的私主体，其经营和发展的目的之一是企业的营利性或商业偏好的贯彻和实现，政府应当对此予以尊重、辅助，在矫正公益的同时辅助私主体实现商业偏好、商业价值。

（4）社会组织的协调权和评估权。着眼于提升公共服务的质量和效率，合作的实现加强了非政府部门的执行权。协调权强调在行政机关与私人企业之间进行调解、和解。私主体参与行政任务后，为避免公法责任遁入私法或私人权利难以主张，借助社会组织这一中立组织的角色来调解二者甚至多种面向的法律关系之间的矛盾。公共服务民营化阶段的明显问题是服务效果不佳，将公共服务效果的评估权分散于社会组织，或者根据正当程序转委托于第三方评估机构，可以避免私营企业"既是运动员又是裁判员"的情况出现。

（5）社会公众的监督权。社会公众在作为公共服务的对象的同时也是监督者。具体的权能包括知情、参与和举报。为保护公共服务的公共属性、保障公共服务供给的质量，基于契约机制的背景下，作为消费者层面的公众具有参与公共服务计划、决策的参与权，有必要建立起政府协同社会共同参与的综合性评价系统，包括就事前规划、任务目标、事中任务开展跟踪、事后评价的综合管理机制。社会公众通过决策听证、投诉举报、评价反馈等制度来行使监督权，健全并畅通这种平等、充分对话的途径和渠道，才能实现公众捍卫自身权益的实质性参与。

二、强化行政协议治理责任

公共服务职能既是政府的本质属性也是实现社会公平正义的内在要求。从现实发展角度来看，政府的公共服务职能不是一成不变的但也不是无限的，随社会发展的阶段和状况不同而有所改变。公共服务职能是国家的第三种义务，由于公共服务或者公共工程对于社会来说必不可少并且有着很大的利益，但是若由个人来操办，必然会入不敷出，难以盈利。从这个角度而言，不能寄希望于私人或少数人办理，自然成为国家的第三种义务。❶ 所以，从社会发展历史角度来看，政府履行公共服务职能是国家社会职能的具体体现，从法律角度来看，政府履行公共服务职能也是运用公共行政权力的集中体现。

要保证政府有效履行公共服务功能，除了要根据社会经济等状况更新、丰富公共服务的内容和形式外，还应调整好公共权力与社会的关系，保证公权力的来源合法并能很好地回应社会的需求并接受社会的监督。❷ 公共服务的提供也是给付行政中的形式或任务之一，而以共享权为核心的给付行政理论使得政府职能更大

---

❶ [英]亚当·斯密：《亚当·斯密全集》（第 3 卷），郭大力、王亚南译，商务印书馆 2014 年版，第 293 页。

❷ 胡建淼：《法治思维：理论、案例、课件》，国家行政学院出版社 2016 年版，第 267 页。

程度地向履行公共服务义务方向转变，而公共权力和社会的关系也将受到影响。一方面，将重新配置权力。履行公共服务职能不再只是政府主体的责任，社会也参与到履行公共服务职能的任务中来，相应的公共行政权力会有所转移。另一方面，创新社会管理方式。公共权力的转移带来社会管理方式的创新，协同治理形式的出现虽然源于公共行政权力的转移，但是该形态的发展也进一步导致了公共行政权力的结构、公共服务职能范围和形式的变化。因而，从法律层面而言，政府履行公共服务职能的总体转变可以概括为对社会的增量赋权。

共享经济在客观上具备一定的公共服务性质，具有提供公共服务的功能，从共享经济中衍生出了"互联网＋"公共服务，共享经济的出现极大地促进了公共服务供给效率的提升。而在"互联网＋"环境下，在共享经济的范围内，公共服务的供给模式发生变化，包括广泛与多元的参与主体，在多元主体参与的基础上形成了不同于传统的供给模式。

（一）政府处于元治理地位

毫无疑问政府仍旧是给付行政的主要给付主体，下面从物质层面和精神层面两个角度来概括国家作为给付行政主要主体的表现。其一，物质层面的给付行政。物质给付关乎公共服务职能中民政事务的提供和满足，民政事务由宪法明文规定属于政府职责范围，是没有其他竞争者参与的服务项目，可以认为国家承担了主要的责任，或者说是唯一的责任主体。也就是人们只有物质得到充分满足才能实现更高层次的精神文明、满足其他类型的需求。而在国家的物质给付中，较为特殊的是精准扶贫模式。精准扶贫工作是政府民政领域的一项任务。相比其他物质给付制度，精准扶贫模式是直接的、精准的、以职权主义为主的，也就是将国家资源精准地给予符合条件、需要帮助的群体。给付行政中的其他物质给付行为，是以形成制度的模式来给予相对人一定的照顾，若要论精准程度，也只是区分救助对象的不同、致困原因的差异等。而精准扶贫模式则是根据个人情况的特殊性，有针对性地进行扶助。因而，精准扶贫模式体现了物质给付中个性化、精准化、职权主义的特点。

要实现该给付形式必然需要大量的资源投入，如人力资源、财物资源。精准扶贫模式的操作也有其特殊性，以政策法规为指引，从中央到地方将该目标落到实处。精准扶贫模式中更为强调乡镇一级政府的职能定位和履职能力，因而这就考验行政权力是否合理配置及行政权力是否规范运行。

其二，精神层面的给付行政。精神层面的给付行政为广义的精神给付，即既包括心理健康和精神障碍的预防和干预，也包括文化建设和思想建设两个方面互相影响及相互渗透，表现为社会文明的进步和群众性精神文明创造活动的展开。[1] 国家精神给付展开的内容也较为丰富，如上文所提及的心理援助制度。心理援助制度在我国的建设尚不完善，正是在这种情况下学者呼吁应该在多领域建设起心理援助制度。如重大自然灾害后的心理援助、失独家庭的人文关怀、家庭经济困难学生的积极心理干预、未成年人遭受性侵害的心理援助、农民工子女的心理辅导工作甚至针对法官等特定工作群体提供的人文关怀。精神层面的给付行政范围越来越广泛，相比上述针对特定群体的精神给付，生态环境的友好是面向所有人的精神给付。

生态环境业务较为复杂，从涉及领域看，包括国土资源、水

---

[1] 岳伟、鲍宗豪：《改革开放 40 年我国物质文明与精神文明关系的实践及理论探索》，载《学术论坛》2018 年第 5 期。

资源、森林自然资源、大气、海洋等，涉及的行政业务具体包括城乡规划、都市发展、国土规划、地质调查、监测以及大气、海洋、河流等有关的业务，与环境资源有关的公害防治、自然保护等都属于生态环境部门的业务范围。良好生态环境的实现需要多部门跨行政区域的共同努力，所以该项职能的实现需要多部门、多区域的协调与合作。哪些事项是由中央管控的，哪些业务是可以地方化的，或者地方化的前提是什么，这些问题都是应当加以考虑的。另外，在强调中央领导作用的背景下，应再行审视哪些项目是具有整体施政需求、高度重要性或跨行政区划的项目。所以，生态环境文明既是精神给付的一部分，也是侧重于从横向协调上考察公共服务职能的转变和定位。

（二）合法、合理分权、放权与授权

私人主体主要是通过平台共建共享模式和公共服务供给生态圈的打造来参与到给付中，与政府、社会组织机构组成资源整合的共同体。私人主体参与到提供给付中可以分为以下两个过程来进行描述，第一阶段为私人主体的自我赋权。通过提供高效、便捷的公共服务来获取更多的个人信息，在共享经济时代，数据是最重要的资源，在这一阶段实现了信息民主化。在第二阶段的发展过程中，政府的干预会加强，自我赋权与行政权力之间形成对抗，在协调的过程中实现资源民主化。

其一，初创期的共享经济通过自我赋权来提供公共服务。信息时代促使数据资源成为行使公权力的一种表现形式，同时供给理念也发生变化。数据可以被复制、被分享、被反复使用，这是数据资源与其他资源区别的一个特点，越来越多的数据呈现为数字化并形成跨组织传播。海量数据的价值日趋明显，对消费者而言，数据呈现出了双刃剑的效果即可以为消费者提供准确、个性化的信息服务，但是隐私问题的重要性也与日俱增。越来越多的私人主体可以收集到海量的个人信息，私人主体掌握的个人信在广泛程度上可以与政府掌握的个人信息进行比较，甚至政府需要借助第三方数据。因而，掌握某种数据的利益相关者可以被认为掌握某种优势或者利用该数据的权力。

私人主体参与提供公共服务的形式如共享自行车、共享汽车、智慧医疗、智慧养老、智慧能源，这些私人主体通过这种互联互通的形式改变了供给的运行方式。传统的供给理念是生产消费者需要的产品，而现有的供给理念转变为生产让消费者需要的消费品。如在共享自行车未出现之前，地铁最后一公里是公共交通中面临的尴尬问题，但是共享自行车不仅解决了"最后一公里"问题，也缓解了交通堵塞、提高了出行效率。在共享自行车未出现以前，我们并未广泛产生这方面的需求，但是共享自行车的出现改变了我们出行习惯和出行需求，也是反映了共享经济通过改变供给模式获取了主动权、话语权和控制权。❶ 由于不存在市场逐利性，对互联网新生力量敏感性相对较弱，并且技术更新相对较为缓慢，政府的思维理念转变上可能会落后于私人主体。因此，在初创时期，由于共享经济发展势头较猛，私人主体抓住发展机遇，掌握了信息优势、获取了对公共服务提供的主动权、话语权和控制权，形成了自我赋权的模式。

其二，成长期的共享经济通过获得行业准入、许可等形式来提供公共服务。以网约车和共享单车为例，《网约车办法》第十三条规定网约车应取得相关汽车运输证件。第十五条规定驾驶员应当经过行政部门组织的考核取得网络预约出租车驾驶员证照。上

---

❶ 何继新、李原乐：《"互联网+公共服务"模式建构中的管理问题——基于供给效率观》，载《电子政务》2016 年第 10 期。

述两款条文，一款是对网约车进入市场的限定，一款是对司机人员进入市场的限定。上海市发布《共享自行车》和《共享自行车服务》两个团体标准意见稿，对共享自行车设备要求、服务运营的方式、期限等作出了规定，具体包括自行车须加装车载卫星定位装置系统，自行车使用年限只有三年，超过使用年限即强制报废，以刚性手段对市场需求和行业发展进行限制。

相反，那些在大浪淘沙后能符合政府设定的行业标准的私人，也间接地获得了行业发展、提供公共服务的机会。通过行政许可等方式赋予私人权利或权力，私人不再以自我赋权的形式取得提供公共服务的权力。行政许可的解禁说或者赋权说，是从不同角度看待同一事物。解禁是将原来被国家禁止的、私人难以进入的领域予以开放，那么这个开放的决策则是实现了赋权的结果。❶ 不管是解禁说还是赋权说，目的都在于维护公共利益和社会秩序，促进经济、社会和生态协调发展。❷ 并且，此时的主动权、话语权和控制权也会受到一定影响。私人提供的产品和服务应当符合政府制定的行业标准，在生产消费者需要的产品的基础上，被附加了其他行业标准限制，主动权和控制权受到行政权力的制衡。私人因许可等形式被赋予了公共行政权力，其来源和行使有了一定的正当性，收集信息、利用数据等行为得到了一定的正当性解释。

合理配置事权的起点应当从公共事务入手，以公共事务的不同属性为划分的依据和标准，将事务在不同层级以及不同政府部

---

❶ 应松年：《行政法与行政诉讼法》，中国政法大学出版社2011年版，第153页。
❷ 应松年、杨解君：《行政许可法的理论与制度解读》，北京大学出版社2004年版，第92页。

门之间划分。[1] 在《法治政府建设实施纲要（2015—2020年）》中也强调优化政府组织结构，其中推进各级政府事权规范化、法律化，建设中央和地方政府事权法律制度是核心要求。将事权划分纳入法治轨道，以公共事务为逻辑起点，从纵向、横向、权责等方面建设优良的政府组织结构体系以实现民生法治。

（三）避免责任真空

在这种多元协同合作供给机制和以行政协议为主要治理工具的背景下，政府主要通过承担以下责任来规范行政行为。

第一，政府承担制度供给责任。在公共服务共享制的行政法关系中，政府要为不同对象提供不同的制度供给。面向多元协同合作的供给关系，政府是合作关系规则的制定者。在政府内部，要化解政府系统内部的信息孤岛现象强化部门协同、联动和协调。在外部多元合作供给关系中，要破除体制障碍，促进参与者通过各自的行动来实现社会总体福利的增进。面向公共服务共享制发展的环境，政府要承担优化营商环境的制度供给责任，培育公共服务多元供给环境，如推动数据流动和利用的监管立法、知识产权侵权方面的赔偿制度、建设知识产权服务业的孵化和发展区。面向公共服务对象，政府要承担保障公益的责任。公益的保障依旧是制度创新考虑的核心内容，政府应当完善法律法规来确保公共服务的普及性、公平性、适当性。

计划行政的预知性、公开性、程序性等特征与新类型的行政法原则的实质要求相符，并不断推进行政法原则的落实，反过来新行政法原则也从思想、目标上指导计划行政的制定和实施。计

---

[1] 王浦劬：《中央与地方事权划分的国别经验及其启示》，载《政治学研究》2016年第5期。

划行政从宏观上把握了给付行政的均衡性,从中央出发,以制定标准等形式进行最低程度的统一和均衡。

在法律未有明文规定的情况下,对行政计划的法律效力应当具体分析。行政计划因其内涵界定、形式争议等学术问题的探讨也充满不确定性。有学者认为其为行政行为,即行政主体实施的为今后在一定时期内达到特定目的的方法、步骤等规划行为。有学者认为其为活动方式,即行政主体在进行公共事业等活动之前所进行的活动之一。有学者认为其为过程之一,即行政机关在为行政行为之前所进行的关于该行政行为的实施方法、步骤、措施等规划。当认为行政计划为行政行为时,具有法律效力;当认为其为行为过程时,不当然具有法律效力。因此,也有学者认为应当结合具体情形具体分析。"不是从法律形式上一般概论式地判断缺少法律根据的纲要行政就是违法的,而应在该纲要行政所涉及的各个行政领域,将纲要各款的实质正当性和该事案的具体事实同与该行政有关联的人权论联系起来,作出个别具体的判断。应尽可能以简易形式使行政情报公开化以及保障居民对纲要行政制定的参与权。"❶ 一方面,在无法确定行政计划是否具有法律效力的情况下,应当尽可能保证其符合法律规范的要求。保证权力来源、行为过程、行为形式等内容的合法性,从而确保其具有法律效力。另一方面,也不能一概否定行政计划的法律效力,当其涉及公共利益或者对相对人利益有较大影响时,在法律范围内也应承认其法律效力。

计划行政有多种形式,各国对其用语也不一致,其性质从而也难以认定。计划行政或者纲要行为多为日本、德国行政法中的

---

❶ [日]室井力:《日本现代行政法》,吴微译,中国政法大学出版社1995年版,第162页。

用语，我国与之类似的行为应当为国家政策。政府为了实现目标而以行政计划的方式提出国家政策，从国家政治上的总目标出发，细化为政策上的计划。国家政策协调、引导产业发展，推动经济增长，为人民实现生存发展创造条件。包括经济政策、行业政策、惠民政策，如国务院实施的指导意见、精准扶贫政策、规划纲要。对其性质认识的不同不影响其作用的发挥，计划行政存在有重要意义。于行政机关而言，各级政府、不同行政机关可以增强协调性和目标的明确性；于经济、社会而言，可以提高大众的可预期性，从而为经济和社会的发展提供推动力。同时，国家通过行政规划积极提供人民生活之物质保障，成为行政给付的主体与公平合理分配资源的正义化身。❶

因此，行政计划与后续行为存在一定的因果或目标与手段的关系。国家通过政策的形式完成了计划—实施—评价—改善的过程，如"十二五"规划是"十三五"规划的条件和基础，在对社会相关情况及计划实现状况予以充分了解、确认、继承后可以提出新的计划和具体实施手段。不具有法律效力的行政计划也会影响后续的行政行为，间接对相对人造成影响。鉴于计划行政形式的多样性，将其利用于给付行政，更好地定位、转变政府职能，服务清单的制定则是一个较好的形式。服务清单与权力清单相对，权力清单制度的运行状况及内容可以有一定价值的参照。权力清单制度的主要功能是作为改革措施的一种，其组成部门包括"权力清单"和"责任清单"两大部分。"权力清单制度实际上是一种通过党政系统'自上而下'贯彻实施的行政'自我控制'机制。权力清单亦有其反思性和局限性，但是可以通过扩大参与主体的

---

❶ 莫于川主编：《行政规划法治论》，法律出版社2016年版，第30页。

范围增强其合法性和正当性基础"❶。与此同时,在功能定位上应将权力清单定性为行政的自我规范。❷ 构建服务清单制度应当把握好以下内容。(1)其功能对外定位为给付均等化的依据,对内为自我评价的标准。(2)其正当性基础不仅包括多元协作与广泛参与,也包括"公共价值导向",即从"碎片化"的给付行政任务导向转向体系化的公共价值转型视角。(3)其内容参照国务院印发的《"十三五"推进基本公共服务均等化规划》,包括服务对象、服务内容等。❸

第二,政府承担担保责任。政府依旧要承担对于公共服务供给的托底责任:一方面,保障公共服务及其环境的总体安全。不危害社会安全也是基本原则之一,网络社会治理的根本宗旨为增进人类福祉,也应以创新发展与安全有序保障并重,实现安全有序的目标。❹ 网络安全生态与现实社会安全息息相关,要从源头或者终端对风险进行把控,防止蔓延至现实社会中,从而保障公民的人身、财产安全。另一方面,保证公众最普遍、最基本的公共服务需求获得满足,原有的"给予给付请求权"转变为"使获得给付的请求权"。❺ 那么,公私合作治理的范围仍应遵循法律保留原则,那些直接运用行政公权力、关乎公民宪法上的生存权益的

---

❶ 朱新力、余军:《行政法视域下权力清单制度的重构》,载《中国社会科学》2018年第4期。

❷ 喻少如、张运昊:《权力清单宜定性为行政自制规范》,载《法学》2016年第7期。

❸ 2017年3月15日实施的《"十三五"推进基本公共服务均等化规划》,标志着国家基本公共服务清单制度开始建立。其中明确八个领域的81个项目,包括服务对象、服务指导标准、支出责任、牵头负责单位等。

❹ 参见徐汉明等:《网络社会治理的法治模式》,载《中国社会科学》2018年第2期。

❺ 陈敏等译:《德国行政法院法逐条释义》,台湾地区2002年印行,第236—237页。

事项宜由国家保留。其他方面的担保责任概括起来就是对生产竞争秩序、服务持续性、稳定性、适当性的担保。❶

第三，政府承担监管责任。政府进行监管的一个重要原则为监管与服务相结合。破除监管分散、权责不清的局面，主要部门要发挥牵头作用，但是更要建立相应的配合、协调机制，垂直管理部门要加强与地方政府的协同配合。充分利用"互联网+监管"系统加强信息归集和共享实现精准化和智能化。区分一般领域和可能造成严重影响的领域，分方式、频率来进行事中事后监管。而针对公共服务共享制应在原有基础上完善各领域的国家和行业标准。

第四，私人部门的义务。商业组织实施公共服务这项举措让理论和实践都产生怀疑的主要原因是营利性与公益性的冲突，以德国为例，在《德国基本法》中规定了国家核心功能保留，即"高权性质的权限"为国家的"绝对国家任务"，是不能将此任务委托、授权于私人。在理论中也称为"绝对的国家任务""必要的国家任务"。❷ 换言之，私人部门提供产品不仅是为追逐营利而满足市场需求，同时还是在提供公共服务，那么其行为的目的、方式还需符合公共服务行政的本质目的。权力的获取、权利的增加以及公共服务职能的转移都是附加于其义务的正当理由和应然措施，甚至可以体现为将公法上的规范、体系扩展到私人主体，也是公共化的结果。如附条件的资助、契约或侵权责任。因而，私主体提供公共服务被称为公共服务的承担者，其中要解决的最核心问题即其辅助实现国家、社会公共利益的主动性、积极性，并

---

❶ 李蕊：《公共服务供给权责配置研究》，载《中国法学》2019年第4期，第140页。
❷ 黄锦堂：《行政任务民营化之研究》，载《公法与政治理论——吴庚大法官荣退论文集》，元照出版公司2004年版，第492—493页。

承担相应的社会责任。

对私人部门附加义务是较为恰当的做法,在保障私主体拥有上述权利的同时也要附加相应义务,这既是权利义务并重的体现,也是公共部门与私人部门进行平等协商的体现,同时也是义务清单制度中的重要内容。对私主体主要附加以下义务。(1)接受公益矫正的义务。拥有公益矫正权力的主体可以是公共部门、社会组织,甚至社会中其他分散的个人,以提升给付质量、满足公共需求为矫正的目标,而私人部门应当接受引导和矫正。(2)辅助实现国家、社会公益的义务。具体包括接受监督、随时报告、定期报告的义务。私人部门不仅把自己当作市场机制中的成员,更要把自己视为实现公益的重要成员。首先应当转变意识,认识到企业生产的产品有满足公共服务、提供给付的社会效果,企业有参与社会共同治理的权利与义务,是推动给付行政法治进步的力量,因而实现国家、社会公益既是对国家、社会公众承担的义务,也是为谋求自身发展创造良好条件的机会。(3)承担社会责任的义务。国务院于 2016 年实施的关于国家科技创新规划的通知,❶强调应当大力弘扬科学精神,其中重要的举措为引导科技界和科技工作者强化社会责任。科技工作者不仅应当承担科技创新、技术更新的责任,还要将此责任上升为对人民、对社会、对国家的责任,将科技进步红利转化为民生红利,让科技进步的福利为人们所能切实感受和分享。因而,技术创新应以承担社会责任为必要前提,才能服务大众、实现技术创新的本质价值。

第五,相应地,私人企业平台的责任分为三方面。(1)供给责任。企业平台也是公共产品、公共服务的供给者之一,其应当

---

❶ 全称为:《国务院关于印发"十三五"国家科技创新规划的通知》。

树立共建社会的主体意识,承担起一定的公共服务供给责任。(2)监管责任。信用生态是培养共享经济、完善公共服务共享制的土壤。发挥作为第三方征信机构的作用,在大规模收集数据、扩大征信渠道方面具有重要作用,从弥补政府技术限制、资源不足等方面得到了更好的发展条件,是建立和完善信用监管体系和构建协同监管格局的重要一环。(3)减缓矛盾的责任。美国学者克拉克曼曾系统地论证了"守门员责任",仅针对违法责任者的执法困难是存在的,需要调动第三方参与到对违法行为的控制中。❶强调平台的主动监管,依据合理的用户协议减少不必要的纠纷,利用技术降低进行证据调查、事实认定的成本。

三、公共产品供给

国家于 2019 年提出的推进国家治理体系现代化的决定❷中指出,要不断满足人民日益增长的美好生活需要和增进人民福祉,注重加强普惠性、基础性的民生建设,创新公共服务提供方式,并鼓励支持社会力量兴办公益事业,满足人民多层次化需求。如果仅靠政府力量难以回应现实需求,也会陷入政府投入的有限性与需求无限性下长期存在的矛盾。共享经济行为的出现和发展,最重要的是辅助实现资源的多元化,实现多元化、差异化的产品供给。充分利用社会资源、与社会主体充分合作是解决上述矛盾的途径之一。相应地,在以政府为主导的背景下,公共服务产品供给模式应当有所改变,一方面,应当从覆盖面、涉及深度、产

---

❶ 赵鹏:《超越平台责任:网络食品交易规则模式之反思》,载《华东政法大学学报》2017 年第 1 期,第 60 页。

❷ 全称为:《中共中央关于坚持和完善中国特色社会主义制度 推进国家治理体系和治理能力现代化若干重大问题的决定》。

品丰富性等方面不断增加产品的供给；另一方面，为实现上述目的，应当在政府有限的财政资金、社会力量与社会需求之间寻找契合点。针对不同类型的共享经济提供不同的合作方案，最终形成以政府为主导的产品供给。

政府成为公共产品的供给主体，其具体行为包括保障，也就是保障该类型的公共产品能有效提供。目前若以共享经济形式提供公共产品，也呈现出了一定的不足。如某些以共享经济形式出现的服务产品一度野蛮生长后呈现的过早衰败现象，营利性的特点完全覆盖公益性，难以成为准公共物品，更谈不上公共物品。这些现象的出现，也并不代表完全否定共享经济的公共服务价值，而是提示我们如何有效引导和利用共享经济这一形式来优化政府与市场的资源配置，共同发挥政府、私人主体、消费者在促成公益实现上的主体功效。进行产品供给的改革或者说发挥政府的保障作用，应该从以下两个维度展开：一方面，该契合点应从地方开始着手进行探索。地方政府应当根据具体情况制订扶持计划、发展清单，在增加财政投入和公共物品数量的同时，也注重对私人主体公益性的引导。另一方面，地方政府也要抑制"扼杀""严格管制"共享经济私主体的倾向。不得不承认，共享经济带来了丰富公共产品的提供、提高公共服务的质量的积极效果，其内在价值应当得以肯定，内在属性也应得到引导和利用。一味强调政府为提供公共物品的唯一主体，有限的财政资源将难以惠及多数人，并加剧给付失衡。因而，公共产品、公共服务的供给可以考虑多种替代方式。

除了考虑以增加财政投入的方式来增加公共产品的提供，还可以行政协议的方式搭建普惠性服务的合作框架。行政协议既是共享经济私主体市场准入方式的一种，也是双方缔结关系的一种方式。引入社会主体力量参与公共服务的提供，将公共服务、公共产品的提供置于市场竞争中，相较于一般化的市场竞争，公共服务市场竞争更倾向于符合准入的条件，更像是一种事前的竞争。❶ 行政协议的缔结表明双方合意的形成，行政主体可以对私主体进行监督和施加义务，而私主体可以获得市场准入条件和一定的市场优势。这种服务委托协议的缔约对双方都形成一定的影响力，作为协议双方的当事人都各自享有一定的权利与义务。

一方面，政府可以采取限价措施，也可以辅助税收减免、补充设备、优惠划拨土地等措施。在法国的民营化过程中，政府给予参与方一定的报酬，但是该报酬并不在协议中作固定不变的规定，而是根据实际承担的责任来给予报酬来减轻偶然事故带来的影响。❷ 政府以一定的财政力量在私主体的商业利益与社会的公共利益之间进行平衡。不能让私主体在占有了市场、获得民众的信任后而又发生随意加价、任意退出等事件的发生。另一方面，应积极行使优益权对产品供给进行监管。虽然双方经过合意缔结协议，但是仍然不是民事合同的立场，双方还是存在天然的不对等性，正是因为这种不对等性，行政主体不能放弃监管责任，如对其产品的质量高低、质量稳定进行监管，关注其内部管理是否规范，抑制其逐利性，避免因为盲目进行市场竞争而造成资源浪费，反而与给付行政的初衷背道而驰，从而促成产品量与质的平衡。

---

❶ 章志远：《行政任务民营化法制研究》，中国政法大学出版社2014年版，第154页。
❷ [法]让·里韦罗、让·瓦利纳：《法国行政法》，鲁仁译，商务印书馆2008年版，第573页。

四、行政补贴提供

政府的补贴行为是共享经济行业给付行政最直接的方式。其目的不仅包括促进公共利益的实现与公民个人利益的实现,还包括在这种两种利益之间进行平衡。除此之外,行政补贴的正当行政程序是实现其目的的重要途径。

(一) 行政补贴概述

法国行政法中将此种行为的性质认定为"援助私人的公益事业",并将行政行为大致分为三类,即行政警察活动、公务活动和行政活动。行政活动即该行为本身不是由行政机关负责实施的某种公务,行政机关在其中的作用是给予私人活动一定的援助。此种活动的性质仍是私人活动,但是其中的行政机关援助行为则是行政活动,也就是说二者既能相互区分开来又能相互融合。私人活动不是在行政主体的组织下发起的,所以其得到援助需要一定的条件。如完全符合公共利益,或者虽未完全符合公共利益,但是此种活动缺失会危害社会秩序。针对以上活动类型,政府往往以申请、合同、计划等形式给予私人法律、财政、物质、技术利益。❶ 日本补助金的支付常用方式为契约。在给付行政中,只要没有特别规定,契约方式的推定就起作用,这并不是预先规定了契约,而是预先规定了通过行政行为进行权利变动。

政府可以多种形式来援助私人主体,促进共享经济的发展从而达到更多、更好的社会效果。在国家发展改革委等部委联合发布的《循环发展引领行动》中指出,分享经济不仅是经济形式的一种,还是优化供给结构引导绿色消费的新领域,要探索闲置房

---

❶ 王名扬:《法国行政法》,北京大学出版社2007年版,第418—419页。

屋、闲置车辆、闲置物品的分享使用方式和分时租赁的新型商业业态，改变传统产品提供模式。国家为不断发展分享经济这一形式，给予其大量的保障措施。如优化财政金融政策，强化财政资金的投入与社会资金的联动，地方各级政府承担了统筹协调的责任，制定相应的规划。工信部等部门联合发布的《公共服务平台有效运营指导意见》中也指出，应充分利用平台、互联网多种渠道开展服务活动，引入分享经济、众创等新模式扩充服务供给方式。地方政府的相关主管部门应明确服务支持范围、服务要求和服务标准，以政府购买或补贴方式对共享经济给予支持。2017年《数字中国建设发展报告》中也指出"互联网+教育""互联网+医疗"等内容扩大了优质教育资源、医疗资源的覆盖面，地方政府加大财政补贴于其他公共服务领域。

（二）行政补贴的正当程序

构建行政补贴的正当程序不仅要适应时代变迁的需要，也要克服给付行政程序现存的问题。对给付行政的现状分析以及反思也会成为正当给付行政程序建构的逻辑起点。应当在克服现有缺陷与程序创新上进行协调和平衡，二者的重要性都不可忽略。行政补贴的正当程序包括相应原则和制度的构建。

1. 信赖利益保护原则

信赖保护的核心含义是公民正当合理的信赖值得法律保护，要求国家行为不要轻易给出改变。也有学者从狭义上理解信赖保护原则，认为信赖利益保护原则是指当行政相对人对授益性行政行为形成值得保护的信赖时，行政主体不得随意撤销或者废止该行为，否则必须合理补偿相对人因信赖该行为有效存续而获得的利益。❶ 即认为信赖保护原则的涵盖范围包括授益性行政行为，仅

---

❶ 周佑勇：《行政法基本原则研究》，武汉大学出版社2005年版，第233页。

在授益性行政行为中存在信赖利益保护。对于信赖保护的适用范围，也有台湾学者认为广泛适用于行政处分中，即不局限于授益性行政处分。❶ 综合以上对于信赖保护的界说，主要区别在于信赖保护的适用范围。对于信赖保护原则的适用范围，此处采广义说，即认为信赖保护原则适用于行政相对人因行政行为而产生的信赖利益。但是都可以认为信赖保护主要约束行政主体，并且对其行政行为的要求是不得随意更改。适用信赖利益保护原则有一定的条件。首先，有信赖基础的存在。行政相对人信赖利益值得保护的基础为已经生效的行政行为的存在。其次，相对人实施了相应的行为。相对人基于对已经生效的行政行为的信赖而实施相应行为，如处分个人利益或者因自我采取的行为已获得相应利益，并且其信赖行为具有不可逆转性。最后，该信赖利益值得保护。从主观上说，行政相对人对信赖基础的内心确认和依赖是善意，并无过失。

给付行政行为的确定力内容包括行政行为的作出效力以及其撤销。给付行政行为的作出过程，如何才能生效具备确定力对相对人而言至关重要。相对人只有通过生效的给付行政行为才能成为受益人获得给付。然而，已经生效具有确定力的行政行为，仍然可以部分或全部以对将来或溯及既往的效力被撤销。

人民基于授益行政处分所受领的公法上的金钱给付，因自始或嗣后无法律上的原因致不当得利。❷ 如《德国联邦行政程序法》中第 48 条第 2 款的规定，❸ 这是信赖不值得保护的情形，如果法

---

❶ 吴坤城：《公法上信赖保护原则初探》，载城仲模主编：《行政法之一般法律原则》（二），三民书局 1997 年版，第 251 页。

❷ 詹镇荣：《人民公法上不当得利返还义务之继受——以基于行政处分受领给付之类型为中心》，载《东吴法律学报》第二十六卷第三期。

❸ 受益人（即利益返还义务人）在明知或因重大过失而不知行政行为违法时，不得以得利的消灭作为依据。

条并未规定,受益人没有主观上的明知时,那么相对人则没有返还的义务。如相对人不明知行政处分违法,或者在该行政处分违法中没有重大过失,那么相对人仍可主张其利益。然而,如果此情形下相对人信赖利益不值得保护的话,那么其主张的利益则不能被支持。❶ 因此,在一定情况下行政行为可以被撤销,相对人不再享有利益。因而,应当从行为的确定、返还给付、撤销给付这三个角度对给付行政的确定和撤销作出特别规定。

第一,给付行政行为的决定作出和支付。相对人须在法定时间内提出申请并提交相应材料,如被补助行为的计划、预算。若是法人团体,则应当附有相关文件、章程。行政资助由于不以保障为目的,因而对其行为期限要求较为宽松,但是若补助是特定期限内提供的,那么应当在补助决定中载明并在该期限内提供。行政机关也有不提供补助的权力,如被补助申请人拒绝履行依附于补助的义务、不提供必要的报告和计划、提供虚假信息导致对补助申请的错误决定、申请人处于相关诉讼案件中。若行政机关决定予以补助,则应以行政协议的形式来完成。行政资助具有一定公益性,但是也具备经济性、合同性等特征。如在科研项目资助中有以协议的形式来将这种法律关系固定下来。行政协议的重点在于实现公共利益或行政管理目标、具有行政法上的权利义务内容。❷ 一方面,行政协议行为较为柔和并富于弹性,双方性和平

---

❶ 陈敏:《行政法总论》,台湾三民书局 2016 年版,第 390 页。"法条并未针对受益人明知或因重大过失而不知行政处分违法之情形时,设排除受益人可主张利益不存在而免除返还义务之规定。然因此受益人系属信赖不值得保护,可考虑排除其可主张利益不存在之可能性。"

❷ 沈福俊:《司法解释中行政协议定义论析——以改造"法定职责范围内"的表述为中心》,载《法学》2017 年第 10 期。

等性的特点让行为内容和方式都尊重双方的意愿。❶ 另一方面，行政主体与相对人处于对等的法律关系中，确定了行政法上的权利义务。

第二，给付行政行为的撤销和变更。日本理论界认为对授益行政行为的撤销应赋予一定的限制，理由是保护相对人对于私人的信赖。❷ 法国行政法则以是否为当事人创设权利为标准。如果不为当事人创设权利或者虽为当事人创设权利，但由于是当事人提供虚假材料而为的，那么仍旧可以随时撤销。但是已为当事人创设权利的，只能在利害关系人提起行政诉讼的时间内撤销。❸ 由于授益性行政行为的撤销对公共利益、信赖保护原则或当事人的生存发展都有危害，因此违法授益行政行为以撤销为原则，但是溯及既往原则的运用仍应视情况而定。如对社会秩序或当事人利益影响的广度、深度。❹

第三，首先，行政机关只有在特定情形发生时才能撤销给付行政行为决定或作出不利变更。如因受补助人原因导致的信息不全、不明、不正确而影响补助决定，受补助人已经违反依附于补助的义务、提供补助的决定不正确，受补助人知道或应当知道此情况。其次，拟撤销给付行政行为决定的，以合理的告知期限为原则，以即时撤销为例外。如因情势变更以致不能继续提供资助或会加以改变地提供资助、资助期限届满而停止提供资助。这些情况因客观或行政机关原因而要作出变动的则应有提前的告知期限。但是以相对人过错为事由而作出不利变动，并以对公众利益

---

❶ 江必新、梁凤云：《最高人民法院新行政诉讼法司法解释与适用》，中国法制出版社2015年版，第164页。
❷ ［日］盐野宏：《行政法》，杨建顺译，法律出版社1999年版，第122页。
❸ 王名扬：《法国行政法》，北京大学出版社2007年版，第132页。
❹ 胡建淼主编：《行政行为基本范畴研究》，浙江大学出版社2005年版，第223页。

影响为评价标准的,则可以作出即时撤销的决定。最后,在给付行政行为中,撤销或变更给付行政决定的,以效力溯及作出决定时为原则,以不溯及既往为例外。

2. 行政公开制度

"建立在反馈基础上的各项政策比固定准则行之有效"。❶ 信息具有时效性,危机具有难以预测性,应当及时、充分利用信息进行决断,防止危机的蔓延。信息公开制度有其固有的价值与内容。一方面,给付行政相关数量确定。例如,行政补助须依照《预算法》通过财政预算编制、提交、审核,形成法律规定和法律依据,行政机关只能在该范围内提供补助。除此之外,行政机关须确定补助最高额限制,也就是在一定时间内提供补助的最高数额,且该最高额限制应当在补助提供前予以公布。对相对人予以补助时应确定补助的数量、补助分批计算方法、分批提供期限。补助的数量确定可以借助电子政务来实现,提高数量的确定性、数量计算的科学性和准确性,并进行精确跟踪,对分批的数量、期限进行电子审计监督。

另一方面,给付行政过程中的信息公开。对社会性的需要和集体性的寻求促使我们更乐于或习惯于分享。如网络上盛行的分享自己的知识和专业技能。❷ 信息的公开与分享正是这种社会性、集体性、开放性的体现。行政机关有信息公开的义务,也就是大数据的共享过程。如除法律另有规定外,依法提供的补助应当在一定期间内公布一次补助的实际效果和财务状况。防止出现骗取

---

❶ [美]詹姆斯·托宾:《十年来的新经济学》,钟淦恩译,商务印书馆2015年版,第65页。

❷ [美]杰里米·里夫金:《第三次工业革命》,张体伟、孙豫宁译,中信出版社2012年版,第224页。

给付的行为，或者是为保证给付行政的实际效果，有必要对其实施过程和实施效果进行监督。相对人向行政机关报告是监督的一个过程，而行政机关向公众公开则是接受公众对此的监督。另外，数据、信息的公开有助于大数据下电子政务的良性循环，这既是数据之间算法的结果，也是新数据重新匹配、计算的开始，便于公众在获取信息的同时提高行政机关的决策力。由于行政资助的效果不是立竿见影的，行政机关可以定期、分阶段审计监督，但是由于涉及商业秘密甚至国家秘密，因而应当规定在一定期限内公布此阶段的实施效果，不设置随时访问权限。

3. 电子政务制度

信息技术影响着社会和政治的各个领域，我们在日常生活中凭借科技进步提高了生活效率和生活品质，行政机关也早已借助电子媒介行使行政职能、开展行政活动。电子行政的出现促进了行政组织的密切交往、行政活动的深度融合以及行政程序的高效透明，但是也面临着信息技术、政府再造和法治国家三者融合的挑战。❶ 电子政务提高了行政效能、减轻了行政负担，我们也进一步挖掘和认识了电子政务给行政活动带来的影响和改变。

（1）电子政务的背景确定。"法律对某事项的规则常要等到该事项具备了成熟的立法条件才能进行"。❷ 改革是少数人先知先觉的事，历史永远是先知先觉带动后知后觉，而在现实进步和法律发展中，法律扮演的是后知后觉的角色，常常是在现实的推动下或成熟的现实条件下才得以生成或完善。科技发展如火如荼，电

---

❶ 查云飞：《人工智能时代全自动具体行政行为研究》，载《比较法研究》2018年第5期。

❷ 方世荣、戚建刚：《权力制约机制及其法制化研究》，中国财政经济出版社2001年版，第181页。

子政务也历经了多个发展阶段,由于还未形成完整的相关法律体系,电子政务的内涵、背景等都有待确定。

首先,何为电子政务。国内也因不同学科、背景的差异对电子政务的概念有不同的界定。[1] 通常会提及三个目标:高效、服务和民生。政府应当是更高效的,政府职能的实现始终应当围绕公共服务,民生是不可忽略的内容。[2] 以上是从目的论对电子政务进行的解释,对其内涵进行界定既是框定本书的研究范围,也是从行政法学角度对其进行进一步认识。电子政务是指政府及行使公共管理职能的部门运用现代的信息通信技术进行内部办公、外部管理、开展行政活动及提供公共服务的行为。其次,何为大数据。电子政务的产生、发展与大数据密切相关,大数据也应纳入电子政务的背景下进行讨论。《促进大数据发展行政纲要》中对大数据的内涵进行了界定,[3] 从而我们认为大数据不仅是一个概念,更是一种生活方式。最初只是用于描述需要处理的信息量过大,必须改变处理数据的工具。今天我们可以认为,大数据又更新了创新方式,改变了市场结构和交易方式,并且拉近了政府与公民间的

---

[1] "电子政务是指具有公共管理职能的部门全面应用现代信息技术,进行办公、管理以及为社会提供服务的活动。"(金承东:《论电子政务法——内涵、边界及其部门属性》,载《电子政务》2009年第7期。)"电子政务是指政府运用现代信息通讯技术,实现政府部门内部、政府部门之间、政府与企业之间、政府与公民之间的服务传递,是政府管理手段的一种变革。"(杨雅芬、李广建:《电子政务采纳研究述评:基于公民视角》,载《中国图书馆学报》2014年第1期。)"电子政务是指政府利用互联网开展的政务活动。包括网络办公、公民通过互联网与政府互动。"(孙华:《中国互联网发展及治理研究》,光明日报出版社2016年版,第257页。)

[2] 杨雅芬:《电子政务知识体系框架研究》,载《中国图书馆学报》2015年第3期。

[3] "大数据是以容量大、类型多、存取速度快、应用价值高为主要特征的数据集合,正快速发展为对数量巨大、来源分散、格式多样的数据进行采集、存储和关联分析,从中发现新知识、创造新价值、提升新能力的新一代信息技术和服务业态。"

关系。❶ 最后，电子政务与大数据开放之间的关系。电子政务的建设离不开政府对数据的收集、整理、运用等环节，政府数据为大数据的一种，大数据还包括其他类型数据，如商业组织针对公众网络上的活动形成的数据流。也就是说，大数据是电子政务建设和发展的前提和条件，电子政务的发展是对大数据的理解与应用，没有大数据，电子政务举步维艰，而电子政务的实践又会产生更多的数据流。

（2）作为平台的政府。我们现在的目标建立的、所看到的是一个实体的政府，如果我们处理一项事务，需要到政府部门的所在地去办理，不仅会看到办公场所甚至可以知道具体的办理工作人员，还有具体的文件资料需要填写和提交。但是想象一下大数据背后的电子政务，上面所描述到的实物最后可能都会演化为一种数据，即西方学者口中的"作为平台的政府理念"❷。作为平台的政府可以参考现在的商业互联网平台，就相当于统一的数据开放、分享、处理平台，通过消除部门割裂、行政区划的僵硬划分、信息不对称等不利影响来进行科学的资源配置。电子政务促使构建一个开放、分享的平台，实现统一，包括数据标准、规范、管理和行政行为过程的统一，❸ 不因区域划分、行政部门割裂而出现行政行为过程的认知分解、各自为政、重复分散。

电子政务对实践的重大改变和影响是打破疆界限制，虚拟化

---

❶ ［美］维克托·迈尔－舍恩伯格等：《大数据时代：生活、工作与思维的大变革》，盛杨燕等译，浙江人民出版社 2013 年版，第 8—9 页。
❷ 宋华琳：《中国政府数据开放法制的发展与建构》，载《行政法学研究》2018 年第 2 期。
❸ 杨瑞仙、毛春蕾、左泽：《国内外政府数据开放现状比较研究》，载《情报杂志》2016 年第 5 期。

政府。以下是对虚拟化政府的简单设想和粗浅概括。政府通过信息技术平台，提供友好操作的用户界面，包括清晰的信息录入、明确的操作流程、简洁的预设选项等，个人提供必要信息，形成个性化的需求"订单"。该信息会被传递至政府的信息交互平台，也就是电子政务的枢纽，对相对人的需求进行再分类，类似于"统一派单"。由于政府部门相较于公民，更具业务专业性、过程熟悉性，因而避免了公民因定位业务部门等因素而不必要的资源浪费。当相对人的业务需求到达相应的具体部门后，在该环节则可以进行与相对人的联系和沟通。若业务办理顺利则可在预期内反馈于相对人，完成业务事项办理最终输出给相对人。倘若过程中遇到障碍或业务分配错误，可以请求协调机构进行协调处理，再次进行横向或纵向的传递，将业务进行再分配，最后同样是在预期内输出于当事人。

该过程中有以下三点是应当加以注意的。首先，当事人有选择权。当事人可以选择传统业务办理方式或电子政务的运作程序。当事人可能出于不熟悉电子技术、不信任电子政务等原因而拒绝使用该形式，为了避免矛盾的出现或政府不作为现象的产生，应明确规定当事人有自由选择权。其次，业务办理时间可以预计，可以进行全程跟踪。以我们现在的日常生活为例，在越来越注重单位时间内效率的同时，更注重对时间的规划性、预期性。传统行政业务由于区域、部门间的障碍等因素，政府部门的低效率一直被诟病。电子政务可以自动预期该业务所需时间并给相对人合理心理预期。最后，相对人有参与选择权，并且扩大、保障其程序性权利。电子政务模式下行政行为保持高弹性，在扁平化的关系模式中，相对人不仅可以看到行政过程还可以即时参与决策，听证的形式已经没有必要,❶ 并且程序的优化、简化也有助于业务办理的高效化、便民化,也是对相对人程序权的保障。

地方政府为促进共享经济的发展和完善公共服务,也进行了一定的探索。福建省颁布实施相关方案,要求各地政府应明确职责,在城乡规划布局和公共基础设施建设中充分考虑共享经济发展的需要,给予一定的资金扶持。北京市东城区探索实施共享停车奖励机制,成都市发布了《关于鼓励和支持停车资源共享利用工作的实施意见》,对于个人将私有停车实施错时共享的,予以积分奖励;对于共享服务企业给予资金支持。针对不同领域,实行补贴导向差异化。如针对教育、医疗领域,应当以亲贫亲弱为主。根据家庭收入、就医记录而选取特定群体给予一定的补贴,并且相应降低收取的费用。而针对大众化的、费用总计相对较低的,可以给予金额较少、但是普及化的补助,如可以在一段时间内以通信或其他积分抵扣。而在对企业进行补贴时,最初应当进行严格筛选,但是不能像特许经营或购买政府服务那样限定单独一家,要对一定数量的私人企业进行筛选、补助、协商、监督。在形成一定市场竞争的基础上,进行价格限定,促进有序发展,不至于过早衰败的同时也在群众中有所普及。

---

❶ 王敬波:《"互联网+"助推法治政府建设》,载《国家行政学院学报》2016年第2期。

结　语

总而言之，共享经济对行政法治理创新提出了新要求。传统治理在理念上讲究行政性、目标主要为控制行政权力，主体一元化、工具单向性、程序封闭式最终导致治理效果适得其反。那么，在这种背景下，对共享经济的治理应当实现主体多元化、工具多向度、目标多重结构、程序的开放性和透明性。除此之外，治理共享经济的根本在于平衡社会公众作为消费者、社会主体双重维度的利益，因而应当摒弃单向性的行政机关模式，以治理理论为背景和理论指导，将事物一分为二，形成双向性的二元治理。

以监管网约车平台为例子而构建的现代监管体系具有区别于传统监管体系的特点，两种体系构成要素有所差异。传统监管体系的目的侧重于维持秩序和保障经济增长，而社会整体福祉的实现是相对被忽略的。现代监管体系则有所转变。传统监管主体呈现出以政府为主的单一性，现代监管主体则强调由多元社会主体共同实施。传统监管的客体为市场缺陷的经济问题，那么现代监管的客体则从满足人们多元化的需求出发,并且从网约车平台例子可以看到监管技术性对象是个不可回避的问题。与此同时,以审批为中心的监管体系也表现出与时代发展相悖,合作取而代之成为工具选择的出发点。作出处罚、强制等行为时有滥用自由裁量权的隐患,而以大数据、算法为基础形成的风险预测、调查、执法等行为则更具裁量准确性。如表4所示:

表4 传统与现代监管体系的对比

	传统监管体系	现代监管体系
目的	注重秩序维护和经济增长	保障权利和实现社会福祉
主体	单一性,由政府实施	多元性,主要由社会实施
客体	市场缺陷等经济问题	完善公共服务供给
对象	非技术性对象	技术性对象
手段	以审批为中心	以合作为中心
标准	裁量任意性	裁量准确性
程序	开放性与透明性	封闭性与独断性

与此同时,通过观察公共服务供给治理的变化也看到了给付行政在我国的发展,充分显示了因政治、经济等因素的差异给继受而来的法律概念、法律制度带来的影响。在经济快速发展、社会转型以及国际关系变革等多重背景之下,我国的给付行政形成了以共享权为核心的现代给付行政制度,在此基础上,与传统的给付行政制度形成了以下六个方面的区别。

第一,现代给付行政的目的为提高社会总体福祉,传统给付行政的目的为解决生存照顾。以共享权为核心的给付行政制度从扩大给付行政的范围、受益主体等角度也提高了社会总体福祉,而提高社会总体福祉的目标指引同样促进共享权为核心的给付行政这一制度实践工具的价值实现。第二，现代给付行政的任务为实现资源的共享和公平分配，传统给付行政的任务侧重促进经济发展。第三，现代给付行政以多种资源为保障，传统给付行政以单一资源为保障。第四，现代给付行政以公私法为实现方式，传统给付行政实现方式以公法为主。面对全面展开的给付行政任务，政府进行了相应的行政行为形式的选择和调整，如授权、公私合作、购买。第五，现代给付行政弱化行政权力，传统给付行政仍旧强调行政权力。第六，现代给付行政范围逐渐扩大，并且不断突破传统描述性的范畴。

现代给付行政理论是实现共享权的重要理论指导。相较于干预行政，它不仅给予新事物广阔的发展空间，更将科技、社会进步所激发的社会需求作为给付行政的任务或内容，保障社会公众的权益。相较于传统的给付行政，现代给付行政保障的权利更为广泛、任务更为全面、调控的资源类型更为丰富和充足。在种种转变和优势下，现代给付行政理论正确认识给付行政任务的发展和变革方向，不再仅以解决社会矛盾为发展方向、不再局限于国家资源为主导为给付行政的实践和发展方向，从不断发展的社会现象中认识并抽象出共享权，并以给付行政行为方式对其进行保障。

参考文献

一、著作类

（一）中文译著

[1][日]室井力．日本现代行政法[M]．吴微，译．北京：中国政法大学出版社，1995．

[2][德]拉伦茨．法学方法论[M]．陈爱娥，译．台北：五南图书出版公司，1996．

[3][美]汉密尔顿等．联邦党人文集[M]．程逢如，译．北京：商务印书馆，1997．

[4][法]莱昂·狄骥．公法的变迁 法律与国家[M]．郑戈等，译．沈阳：春风文艺出版社，1999．

[5][英]弗里德利希·冯·哈耶克．法律、立法与自由[M]．邓正来等，译．北京：中国大百科全书出版社，2000．

[6][德]哈特穆特·毛雷尔．行政法学总论[M]．高家伟，译．北京：法律出版社，2000．

[7][日]大须贺明．生存权论．[M]．林浩，译．北京：法律出版社，2001．

［8］［英］戴维·米勒．社会正义原则［M］．应奇，译．南京：江苏人民出版社，2001．

［9］［美］E·S·萨瓦斯．民营化与公共部门的伙伴关系［M］．周志忍等，译．北京：中国人民大学出版社，2002．

［10］［英］卡罗尔·哈洛、里查德·罗休斯．法律与行政：下卷［M］．杨伟东等，译．北京：商务印书馆，2004．

［11］［德］罗伯特．公共组织理论［M］．扶松茂等，译．北京：中国人民大学出版社，2003．

［12］［日］美浓部达吉．公法与私法［M］．黄冯明，译．北京：中国政法大学出版社，2003．

［13］［美］埃德加·博登海默著．法理学——法律哲学与法律方法［M］．邓正来，译．北京：法律出版社，2004．

［14］［美］阿尔温·托夫勒．第三次浪潮［M］．黄明坚，译．北京：中信出版社，2006．

［15］［美］戴维·奥斯本等．改革政府：企业家精神如何改革着公共部门［M］．周敦仁等，译．上海：上海译文出版社，2006．

［16］［英］L·赖维乐·布朗、约翰·S·贝尔．法国行政法：第5版［M］．高秦伟等，译．北京：中国人民大学出版社，2006．

［17］［德］罗尔夫·施托贝尔．经济宪法与经济行政法［M］．谢立斌，译．北京：商务印书馆，2008．

［18］［美］史蒂芬·布雷耶．规制及其改革［M］．李洪雷等，译．北京：北京大学出版社，2008．

［19］［日］盐野宏．行政组织法［M］．杨建顺，译．北京：北京大学出版社，2008．

［20］［韩］韩东熙．行政法Ⅰ：第9版［M］．赵峰，译．北

京：中国人民大学出版社，2008.

［21］［英］安东尼·奥格斯．规制：法律形式与经济学理论［M］．骆梅英，译．北京：中国人民大学出版社，2008.

［22］［英］安东尼·奥格斯．规制：法律形式与经济学理论［M］．骆梅英，苏苗罕，译．北京：中国人民大学出版社，2008.

［23］［法］让－雅克·拉丰．规制与发展［M］．聂辉华，译．北京：中国人民大学出版社，2009.

［24］［美］唐纳德·凯特尔．权力共享：公共治理与私人市场［M］．孙迎春，译．北京：北京大学出版社，2009.

［25］［美］罗伯特·W·麦克切斯尼．传播革命［M］．高金萍，译．上海：上海译文出版社，2009.

［26］［美］朱迪·弗里曼．合作治理与新行政法［M］．毕洪海等，译．北京：商务印书馆，2010.

［27］［美］理查德·B. 斯图尔特．美国行政法等重构［M］．沈岿，译．北京：商务印书馆，2011.

［28］［美］达雷尔·M·韦斯特．下一次浪潮 信息通信技术驱动的社会与政治创新［M］．廖毅敏，译．上海：上海远东出版社，2012.

［29］［德］施密特·阿斯曼．秩序理念下的行政法体系建构［M］．林明锵，译．北京：北京大学出版社，2012.

［30］［美］杰里米·里夫金．零成本社会：一个互联网、合作共赢的新经济时代［M］．赛迪研究院专家组，译．北京：中信出版社，2014.

［31］［美］克里斯托弗·斯坦纳．算法帝国［M］．李筱莹，译．北京：人民邮电出版社，2014.

［32］［美］杰夫·霍金斯、桑德拉·布拉克斯莉．智能时代

[M］．李蓝等，译．北京：中国华侨出版社，2014．

［33］郑永年．技术赋权：中国的互联网、国家与社会［M］．邱道隆，译．北京：东方出版社，2014．

［34］［美］凯文·凯利．新经济新规则——网络经济的十种策略［M］．刘仲涛，译．北京：电子工业出版社，2014．

［35］［美］理查德·泰勒等．助推：如何做出有关健康、财富与幸福的最佳决策［M］．刘宁，译．北京：中信出版社，2015．

［36］［美］德隆·阿西莫格鲁、詹姆斯·A.罗宾逊．国家为什么会失败［M］．李增刚等，译．长沙：湖南科学技术出版社，2015．

［37］［美］德里克·W·布林克霍夫．冲突后社会的治理：重建脆弱国家［M］．赵俊等，译．北京：民主与建设出版社，2015．

［38］［美］塞斯·D·卡普兰．修复脆弱的国家：发展的新范例［M］．颜琳，译．北京：民主与建设出版社，2015．

［39］［英］亨利·梅因．古代法［M］．郭亮，译．北京：法律出版社，2016．

［40］［美］卢克·多梅尔．算法时代：新经济的新引擎［M］．胡小锐等，译．北京：中信出版社，2016．

［41］［美］佩德罗·多明戈斯．终极算法：机器学习和人工智能如何重塑世界［M］．黄芳萍，译．北京：中信出版社，2017．

［42］［英］科林·斯科特．规制、治理与法律 前沿问题研究［M］．安永康，译．北京：清华大学出版社，2018年版．

［43］［美］劳伦斯·莱斯格．代码2.0：网络空间中的法律［M］．李旭、沈伟伟，译．北京：清华大学出版社，2018．

［44］［英］阿里尔·扎拉奇等．算法的陷阱 超级平台、算法

垄断与场景欺骗［M］．余潇，译．北京：中信出版社，2018．

［45］［德］齐佩利乌斯．法学方法论．［M］．金振豹，译．北京：法律出版社，2018．

（二）中文著作

［1］詹中原．民营化政策：公共行政的理论与实务［M］．台北：台北五南出版社，1994．

［2］王名扬．美国行政法［M］．北京：中国政法大学出版社，1995．

［3］王名扬．法国行政法［M］．北京：中国政法大学出版社，1998．

［4］杨建顺．日本行政法通论［M］．北京：中国法制出版社，1998．

［5］宋功德．论经济行政法的制度结构：交易费用的视角［M］．北京：北京大学出版社，2003．

［6］赖恒盈．行政法律关系论之研究：行政法学方法论评析［M］．台北：元照出版有限公司，2003．

［7］关保英．行政法的私权文化与潜能［M］．青岛：山东人民出版社，2003．

［8］李建良等．行政法入门［M］．台北：元照出版公司，2004．

［9］王克稳．经济行政法基本问题研究［M］．北京：北京大学出版社，2004．

［10］詹镇荣．民营化与管制革新［M］．台北：元照出版公司，2005．

［11］汤德宗．行政程序法论［M］．台北：元照出版公司，2005．

[12] 詹镇荣. 生存照顾 [M]. 台北：元照出版公司 2005.

[13] 叶必丰. 行政法的人文精神 [M]. 北京：北京大学出版社, 2005.

[14] 陈慈阳. 行政法总论 [M]. 台北：翰芦出版社, 2005.

[15] 金承东. 经济行政法：以民营经济为视角 [M]. 北京：法律出版社, 2005.

[16] 柳砚涛. 行政给付研究 [M]. 青岛：山东人民出版社, 2006.

[17] 金河禄. 经济行政的结构及其法律控制：中韩两国比较研究 [M]. 北京：法律出版社, 2006.

[18] 敖双红. 公共行政民营化法律问题研究 [M]. 北京：法律出版社, 2007.

[19] 马英娟. 政府监管机构研究 [M]. 北京：北京大学出版社, 2007.

[20] 许育典. 宪法 [M]. 台北：元照出版公司, 2008.

[21] 胡敏洁. 福利权研究 [M]. 北京：法律出版社, 2008.

[22] 杨海坤, 章志远. 中国特色政府法治论研究 [M]. 北京：法律出版社, 2008.

[23] 张利民. 经济行政执法的域外效力 [M]. 北京：法律出版社, 2008.

[24] 沈福俊. 中国行政救济程序论 [M]. 北京：北京大学出版社, 2008.

[25] 石佑启等. 论行政体制改革与行政法治 [M]. 北京：北京大学出版社, 2009.

[26] 孙选中. 服务型政府及其服务行政机制研究 [M]. 北京：中国政法大学出版社, 2009.

[27] 陈新民. 公法学札记 [M]. 北京：法律出版社，2010.

[28] 李昕，蔡乐渭. 公共行政法治化的理论研究 [M]. 北京：中国政法大学出版社，2010.

[29] 张弘. 公共行政与服务行政下中国行政法的结构性变革 [M]. 北京：法律出版社，2010.

[30] 王浦劬等. 政府向社会组织购买公共服务研究 中国与全球经验分析 [M]. 北京：北京大学出版社，2010.

[31] 曹剑光. 公共服务的制度基础 走向公共服务法治化的思考 [M]. 北京：社会科学文献出版社，2010.

[32] 沈政雄. 社会保障给付之行政法学分析—给付行政法论之再开发 [M]. 台北：元照出版有限公司2011年版。

[33] 姚建宗. 新兴权利研究 [M]. 北京：中国人民大学出版社，2011.

[34] 李震山. 行政法导论：修订第9版 [M]. 台北：三民书局，2011.

[35] 林万亿. 社会福利 [M]. 台北：五南图书出版公司，2012.

[36] 江利红. 行政过程论研究：行政法学理论的变革与重构 [M]. 北京：中国政法大学出版社，2012.

[37] 龚祥瑞. 比较宪法与行政法 [M]. 北京：法律出版社，2012.

[38] 杨小军. 行政机关作为职责与不作为行为法律研究 [M]. 北京：国家行政学院出版社，2013.

[39] 朱新力. 行政法基础理论改革等基本图谱"合法性"与"最佳性"二维结构等展开路径 [M]. 北京：法律出版社，2013.

[40] 陈敏. 行政法总论（第八版）[M]. 台北：新学林出版

股份有限公司，2013.

［41］章剑生．现代行政法基本理论（第二版）［M］．北京：法律出版社，2014.

［42］江利红．行政法学［M］．北京：中国政法大学出版社，2014.

［43］章志远．行政任务民营化法制研究［M］．北京：中国政法大学出版社，2014.

［44］李洪雷．行政法释义学：行政法学理的更新［M］．北京：中国人民大学出版社，2014.

［45］江必新．法治政府的制度逻辑与理性构建［M］．北京：中国法制出版社，2014.

［46］［美］吴霁虹．众创时代：互联网＋、物联网时代企业创新完整解决方案［M］．北京：中信出版集团，2015.

［47］王吉斌，彭盾．互联网＋：传统企业的自我颠覆、组织重构、管理进化与互联网转型［M］．北京：机械工业出版社，2015.

［48］尤乐．行政资助法治化研究［M］．北京：知识产权出版社，2015.

［49］周辉．变革与选择—私权力视角下的网络治理［M］．北京：北京大学出版社，2016.

［50］张翔．基本权利的规范建构［M］．北京：法律出版社，2017.

［51］姜明安．行政法［M］．北京：北京大学出版社，2017.

［52］张扩振．经济宪法初论：经济宪法的理念、制度与权利［M］．北京：中国政法大学出版社，2017.

［53］段礼乐．市场规制工具研究［M］．北京：清华大学出

版社，2018.

[54] 周佑勇. 行政法基本原则研究：第2版［M］. 北京：法律出版社，2019.

[55]［美］吴军. 智能时代：5G、IoT构建超级智能新机遇［M］. 北京：中信出版集团，2020.

（三）外文著作类

[1] Phil Simon, John Wiley & Sons, *Too Big to Ignore：The Business Case for Big Data*, Wiley Press, 2013.

[2] Jefri Jay Ruchti. *The Public Service. World Constitutions Illustrated*, William's. hein&co. inc. buffalo Press, 2012.

（四）编著类

[1] 城仲模主编. 行政法之一般法律原则［M］. 台北：三民书局1997.

[2] 杨海坤主编. 宪法基本权利新论［M］. 北京：北京大学出版社，2004.

[3] 林明锵，蔡茂寅主编. 行政法事务与理论：二［M］. 台北：元照出版公司，2006.

[4] 胡建淼主编. 公法研究：第6辑［M］. 杭州：浙江大学出版社2008年版。

[5]［美］阿尔弗雷德·D·钱德勒、詹姆斯·W·科塔达编. 信息改变了美国：驱动国家转型的力量［M］. 万岩等，译. 上海：上海远东出版社，2008.

[6] 翁岳生编. 行政法［M］. 北京：中国法制出版社，2009.

[7] 应松年主编. 行政程序法［M］. 北京：法律出版社，2009.

[8] 薛刚凌主编. 行政主体的理论与实践—以公共行政改革

为视角［M］．北京：中国方正出版社，2009．

［9］应松年主编．行政法与行政诉讼法［M］．北京：中国政法大学出版社，2011．

［10］吴建依主编．经济行政法［M］．杭州：浙江大学出版社，2011．

［11］［美］热拉尔·罗兰主编．私有化 成功与失败［M］．张宏胜等，译．北京：中国人民大学出版社，2011．

［12］刘刚编译．风险规制：德国的理论与实践［M］．北京：法律出版社，2012．

［13］［美］G. 沙布尔·吉玛等编．分权化治理：新概念与新实践［M］．唐贤兴等，译．上海：格致出版社，2013．

［14］［英］罗伯特·鲍德温等编．牛津规制手册［M］．宋华琳等，译．上海：上海三联书店，2017．

［15］朱景文主编．法社会学：第3版［M］．北京：中国人民大学出版社，2018．

（五）文集类

［1］当代公法理论—翁岳生教授祝寿论文集［M］．台北：月旦出版公司，1993．

［2］公法与政治理论—吴庚大法官荣退论文集［M］．台北：元照出版公司，2004．

二、论文类

（一）外文论文

［1］Lon L. Fuller. The Forms and limits of Adjudication ［J］. Harvard Law Review, 1978, 92: 353 – 409.

［2］Alan Rycroft. Welfare Rights: Policy and Discretion ［J］.

Oxford Journal of Legal Studies, 1987, 6: 232 - 261.

［3］ Saskia Sassen. The Informal Economy: Between New Developments and Old Regulations ［J］. Yale Law Journal, 1994, 103: 2289 - 2304.

［4］ Fazal R. Khan. Ensuring Government Accountability during Public Health Emergencies ［J］. Harvard Law and Policy Review, 2010, 4: 319 - 338.

［5］ F. Joseph Warin, Michael S. Diamant & Veronica S. Root. Somebody's Watching Me: FCPA Monitorships and How They Can Work Better ［J］. University of Pennsylvania Journal of Business Law, 2011, 13: 321 - 381.

［6］ Michelle Wilde Anderson. Sprawl's Shepherd: The Rural County ［J］. California Law Review, 2012, 100: 365 - 380.

［7］ Michael A. Cusumano. How Traditional Firms Must Compete in the Sharing Economy ［J］. Communications of the Acm, 2015, 58: 32 - 34.

［8］ Molly Cohen & Corey Zehngebot. What's Old Becomes New. Regulating the Sharing Economy ［J］. Boston Bar Journal. 2014, 58: 34 - 35.

［9］ Stephen R. Miller. First Principles for Regulating the Sharing Economy ［J］. Harvard Journal on Legislation, 2016, 53: 147 - 202.

［10］ Veronica Root. Modern - Day Monitorships ［J］. Yale Journal on Regulation, 2016, 33: 109 - 164.

［11］ Bryan Wilson & Sal Cali. Smarter Cities, Smarter Regulations: A Case for the Algorithmic Regulation of Platform - Based Sharing Economy Firms ［J］. UMKC Law Review, 2017, 85: 845 -

893.

[12] Kenneth A. Bamberger, Orly Lobel, Platform Market Power [J]. Berkeley Technology Law Journal, 2017, 17: 32 - 74.

[13] Todd S. Aagaard, Agencies, Courts, First Principles, and the Rule of law [J]. Administrative Law Review, 2018, 70: 771 - 806.

[14] Matthew Chou. Agency Interpretations of Executive Orders [J]. Administrative Law Review, 2019, 71: 555 - 606.

(二) 中文论文

[1] 王贵松. 行政资助裁量的正当化规制 [J]. 学习与探索, 2008, (6).

[2] 江必新, 邵长茂. 共享权、给付行政程序与行政法的变革 [J]. 行政法学研究, 2009, (4).

[3] 陈海嵩. 给付行政的规范构造 [J]. 东方法学, 2009, (5).

[4] 章志远. 民营化、规制改革与新行政法的兴起——从公交民营化的受挫切入 [J]. 中国法学, 2009, (2).

[5] 赵宏. 社会国与公民的社会基本权：基本权利在社会国下的拓展与限定 [J]. 比较法研究, 2010, (5).

[6] 石佑启. 论法治视野下行政权力的合理配置 [J]. 学术研究, 2010, (7).

[7] 于安. 论协调发展导向型行政法 [J]. 国家行政学院学报, 2010, (1).

[8] 关保英. 论行政法中的行政权力的维度 [J]. 东方法学, 2011, (6).

[9] 王克稳. 政府业务委托外包的行政法认识 [J]. 中国法

学，2011，(4).

［10］王敬波. 福利国家与中国行政法发展的新趋势［J］. 国家检察官学院学报，2012，(5).

［11］唐明良. 新行政程序观的形成及其法理—多元社会中的行政程序功能与基本建制之再认识［J］. 行政法学研究，2012，(4).

［12］江必新. 论行政规制基本理论问题［J］. 法学，2012，(12).

［13］魏琼. 简政放权背景下的行政审批改革［J］. 政治与法律，2013，(9).

［14］罗英. 基于共享权的共治型社会管理研究［J］. 法学论坛，2013，(1).

［15］胡敏洁. 给付行政范畴的中国生成［J］. 中国法学，2013，(2).

［16］秦前红，李少文. 网络公关空间治理的法治原理［J］. 现代法学，2014，(6).

［17］罗英. 全面深化改革背景下共享权之定位［J］. 求索，2014，(6).

［18］江必新，李沫. 论社会治理创新［J］. 新疆师范大学学报（哲学社会科学版）2014，(2).

［19］周汉华. 论互联网法［J］. 中国法学，2015，(3).

［20］唐清利. "专车"类共享经济的规制路径［J］. 中国法学，2015，(4).

［21］周佑勇. 公私合作语境下政府购买公共服务现存问题与制度完善［J］. 政治与法律，2015，(12).

［22］陈鹏. 界定行政处罚行为的功能性考量路径［J］. 法学

研究，2015，(2).

［23］张国清. 分配正义与社会应得［J］. 中国社会科学，2015，(5).

［24］章志远. 辅助行政执法制度比较研究［J］. 政府法制研究，2015，(11).

［25］陈天昊. 在公共服务与市场竞争之间：法国行政合同制度的起源与流变［J］. 中外法学，2015，(6).

［26］唐文玉. 社会组织公共性：价值、内涵与生长［J］. 复旦学报（社会科学版），2015，(3).

［27］程明修. 公私协力法律关系之双阶段争讼困境［J］. 行政法学研究，2015，(1).

［28］杨伟东. 行政监管模式变革［J］. 广东社会科学，2015，(1).

［29］王克稳. 论行政审批的分类改革与替代性制度建设［J］. 中国法学，2015，(2).

［30］沈岿. 互联网经济的政府监管原则和方式创新［J］. 国家行政学院学报，2016，(2).

［31］彭岳. 共享经济的法律规制问题—以互联网专车为例［J］. 行政法学研究，2016，(1).

［32］沈怡伶. 网路运输业兴起对台湾汽车运输业管理架构之影响［J］. 月旦法学杂志，2016，(1).

［33］王静. 中国网约车的监管困境及解决［J］. 行政法学研究，2016，(2).

［34］沈福俊. 网络预约出租车经营服务行政许可设定权分析—以国务院第412号附件第112项为分析视角［J］. 上海财经大学学报，2016，(6).

［35］彭岳．共享经济的法律规制问题—以互联网专车为例［J］．行政法学研究，2016，（1）．

［36］马长山．互联网＋时代"软法之治"的问题与对策［J］．现代法学，2016，（5）．

［37］董彪，李仁玉．"互联网＋"时代微商规制的逻辑几点与制度设计［J］．法学杂志，2016，（6）．

［38］马长山．互联网＋时代"软法之治"的问题与对策［J］．现代法学，2016，（5）．

［39］马长山．"互联网＋时代"法治秩序的解组与重建［J］．探索与争鸣，2016，（10）．

［40］朱新力，吴欢．"互联网＋"时代法治政府建设畅想［J］．国家行政学院学报，2016，（2）．

［41］杨登峰．从合理原则走向统一的比例原则［J］．中国法学，2016，（3）．

［42］应松年．简政放权的法治之路［J］．行政管理改革，2016，（1）．

［43］江国华．行政转型与行政法学的回应型变迁［J］．中国社会科学，2016，（11）．

［44］吴欢．经济新常态下法治中国建设的时代议题［J］．法学，2016，（3）．

［45］章志远．新〈行政诉讼法〉实施对行政行为理论的发展［J］．政治与法律，2016，（1）．

［46］王维平，张娜娜．"共享"发展理念下的社会分配［J］．西南民族大学学报（人文社会科学版）2016，（7）．

［47］王敬波．"互联网＋"助推法治政府建设［J］．国家行政学院学报，2016，（2）．

［48］程琥．论我国网络市场监管等行政法治转型［J］．行政法学研究，2017，（1）．

［49］蒋大兴，王首杰．共享经济的法律规制［J］．中国社会科学，2017，（9）．

［50］蔡朝林．共享经济的兴起与政府监管创新［J］．南方经济，2017，（3）．

［51］何继新，李原乐．"互联网+"公共服务的本质内涵、源流生成与形态衍变研究——以共享经济为视角［J］．学习论坛，2017，（10）．

［52］杨解君，杨高臣．打造从政策到法律的补贴制度升级版［J］．江西社会科学，2017，（5）．

［53］关保英．行政主体拖延履行法定职责研究［J］．山东大学学报（哲学社会科学版）2017，（3）．

［54］韩宁．行政协议判断标准之重构——以"行政法上权利义务"为核心［J］．华东政法大学学报，2017，（1）．

［55］杨东升．行政诉讼中民生权利救济问题探讨［J］．学术交流，2017，（8）．

［56］黄娟．我国行政委托规范体系之重塑［J］．法商研究，2017，（5）．

［57］张文显．治国理政的法治理念和法治思维［J］．中国社会科学，2017，（4）．

［58］莫林．网约车规制策略转向：从整体管控到技术治理［J］．甘肃政法学院学报，2018，（5）．

［59］江利红．创新驱动发展战略背景下科技立法的完善［J］．法治论坛，2018，（3）．

［60］莫林．网约车规制策略转向：从整体管控到技术治理

[J].甘肃政法学院学报,2018,(5).

[61]石佑启,陈可翔.论互联网公共领域的软法治理[J].行政法学研究,2018,(4).

[62]黄锴.论作为国家义务的社会救助——源于社会救助制度规范起点的思考[J].河北法学,2018,(10).

[63]袁曙宏.建设职责明确、依法行政的政府治理体系[J].中国司法,2018,(5).

[64]杨登峰.行政改革试验授权制度的法理分析[J].中国社会科学,2018,(9).

[65]胡玉鸿.新时代推进社会公平正义的法治要义[J].法学研究,2018,(4).

[66]王旭.中国国家发法学的基本问题意识[J].中国法律评论,2018,(1).

[67]张孝荣,俞点.共享经济在我国发展的趋势研究[J].新疆师范大学学报(哲学社会科学版)2018,(2).

[68]宋华琳.中国政府数据开放法制的发展与建构[J].行政法学研究,2018,(2).

[69]赵鹏.数字技术的广泛应用于法律体系的变革[J].中国科技论坛,2018,(11).

[70]王霁霞.共享经济的法律规制逻辑—以网约车行政案件为切入点的分析[J].法学杂志,2019,(1).

[71]李利文.公共服务供给的共享制创新:类型、风险及其规避[J].人文杂志,2019,(5).

[72]冯子轩.给付行政视角下的学前教育改革法律规制研究[J].东方法学,2019,(1).

[73]胡敏洁.自动化行政的法律控制[J].行政法学研究,

2019，（2）.

[74] 马长山. 智慧社会建设中的"众创"式制度变革—基于"网约车"合法化进程的法理学分析［J］. 中国社会科学，2019，（4）.

[75] 刘权. 论网络平台的数据报送义务［J］. 当代法学，2019，（5）.

[76] 李蕊. 公共服务供给权配置研究［J］. 中国法学，2019，（4）.

[77] 王敬波. 面向分享经济的合作规制体系构建［J］. 四川大学学报（哲学社会科学版），2020，（4）.

[78] 魏琼，徐俊晖. 人工智能运用于行政处罚的风险治理［J］. 河南财经政法大学学报，2020，（5）.

[79] 章志远. 监管新政与行政法学的理论回应［J］. 东方法学，2020，（5）.

[80] 刘权. 网络平台的公共性及其实现—以电商平台的法律规制为视角［J］. 法学研究，2020，（2）.

[81] 关保英. 治理体系与治理能力现代化中的公法给付精神［J］. 法律科学（西北政法大学学报），2020，（5）.

（三）学位论文

[1] 林俊廷. 社会福利行政之裁量统制——以受给权保护为中心［D］. 台北：台湾政治大学，1998.

[2] 邹焕聪. 公私协力法律问题研究［D］. 江苏：南京大学，2011.

[3] 赵施迪. 包容性制度演化研究［D］. 江苏：南京大学，2017.

三、法规文献类

（一）外文法规文献

[1] Digital Millennium Copyright Act of 1998 (1998)

[2] Cyber-crime Convention (2001)

[3] General Data Protection Regulation (2018)

（二）中文法规文献

[1]《科学技术进步法》(2007)

[2] "台湾行政罚法"(2011)

[3]《社会管理和公共服务标准化工作"十二五"行动纲要》(2012)

[4]《政府采购法》(2014)

[5] "台湾行政程序法"(2015)

[6]《关于深化改革推进出租汽车行业健康发展的指导意见》(2016)

[7]《国务院办公厅关于深化改革推进出租汽车行业健康发展的指导意见》(2016)

[8]《网络预约出租汽车经营服务管理暂行办法》(2016)

[9]《银川市智慧城市建设促进条例》(2016)

[10]《网络安全法》(2017)

[11]《关于促进分享经济发展的指导性意见》(2017)

[12]《行政处罚法》(2017)

[13]《网络预约出租汽车监管信息交互平台运行管理办法》(2018)

[14]《关于加强网络预约出租汽车行业事中事后联合监管有关工作的通知》(2018)

［15］《民办教育促进法》（2018）

［16］《行政许可法》（2019）

［17］《关于促进"互联网+社会服务"发展的意见》（2019）

［18］《国务院关于加强和规范事中时候监管的指导意见》（2019）

四、网站资源类

［1］刘洋．我在北京开网约车［EB/OL］．（2019-01-31）［2024-08-01］．https：//baijiahao.baidu.com/s? id = 1624165774994627254&wfr = spider&for = pc.

［2］http：//www.ccpit.org/Contents/Channel_4114/2018/0720/1035770/content_1035770.html.

［3］巧乐冰．出租车集体大罢工抵制网约车，新市长给出承诺［EB/OL］．（2018-04-09）［2024-08-01］．http：//baijiahao.baidu.com/s? id=1598151284136837737&wfr = spider&for = pc.

［4］谈婧论道．清华大学《共享经济白皮书（2017）》六个关键词厘清误区与真相．［EB/OL］．（2018-01-15）［2024-08-01］．http：//dy.163.com/v2/article/detail/D87ISJED0519ELMN.html.

［5］索有为等．广东高院发布2017年度涉互联网十大案例．［EB/OL］．（2018-08-06）［2024-08-01］．https：//www.chinacourt.org/article/detail/2018/08/id/3444783.shtml.

［6］易驰科技．滴滴快车新规上线，服务分变成口碑值，司机贫富差距可能会拉大［EB/OL］．（2019-05-31）［2024-08-01］．https：//baijiahao.baidu.com/s? id = 1635013022337685853&wfr = spider&for = pc.

［7］滑稽的唛唛．解决1500万起纠纷，腾讯滴滴都学习，阿里首创这项机制成行业共识［EB/OL］．（2019-01-07）［2024-

08-01]. http://dy.163.com/v2/article/detail/E4TR8HN80517W6FN.html.

［8］人民日报. 全国共有社会组织 80.3 万个上海位居第一［EB/OL］. (2018-05-16)［2024-08-01］. https://baijiahao.baidu.com/s? id＝1600608806765242088&wfr＝spider&for＝pc.

［9］程超盟. 这块屏幕可能改变命运［EB/OL］. (2018-12-13)［2024-08-01］. https://mp.weixin.qq.com/s? __biz＝MjM5MDQ3MTEyMQ＝＝&mid＝2653322571&idx＝1&sn＝95cf4b5f7a1aa748eed0d6a80f4536e9.

［10］Summary of the HIPAA Privacy Rule［EB/OL］. (2022-08-19)［2024-08-01］. https://www.hhs.gov/hipaa/for-professionals/privacy/laws-regulations/index.html.